围棋

从入门到九段

初识 1

入门到10级
1000题

陈　禧
胡啸城
卫泓泰
—— 著

U0314406

一品入神　二品坐照　三品具体　四品通幽　五品用智　六品小巧　七品斗力　八品若愚　九品守拙　初识无品

化学工业出版社
·北京·

图书在版编目（CIP）数据

围棋从入门到九段.1, 初识：入门到10级1000题 / 陈禧，
胡啸城，卫泓泰著.—北京：化学工业出版社，2022.9
ISBN 978-7-122-41586-8

Ⅰ.①围… Ⅱ.①陈… ②胡… ③卫… Ⅲ.①围棋—教材
Ⅳ.①G891.3

中国版本图书馆CIP数据核字（2022）第095047号

责任编辑：史 懿 　　　　　　　　　　封面设计：溢思视觉设计 ／ 尹琳琳
责任校对：宋 玮 　　　　　　　　　　装帧设计：宁小敬

出版发行：化学工业出版社（北京市东城区青年湖南街 13 号　邮政编码 100011）
印　　装：河北京平诚乾印刷有限公司
787mm×1092mm 1/16　印张 12³⁄₄　字数 180 千字　2023 年 1 月北京第 1 版第 1 次印刷

购书咨询：010-64518888　　　　　　　　售后服务：010-64518899
网　　址：http://www.cip.com.cn
凡购买本书，如有缺损质量问题，本社销售中心负责调换。

定　　价：59.80 元　　　　　　　　　　　版权所有　违者必究

序　言

　　我和奇略合作"从入门到九段"有不少时间了。这套选题最早来自于一次吃饭，泓泰说：上次出版的《零基础学围棋：从入门到入段》反响不错，再挑战一次"从入门到九段"怎么样？

　　于是经过近两年的设计、制作、编排，这套书终于要和大家见面了。题目全部是陈禧职业五段原创的。他热爱创作死活题，这些题目在网上有数千万人次的做题量和大量的反馈，经过了充分地检验和锤炼。其中高段分册的有些题目我看到了也需要思考一段时间，做完之后，感受很好，确实有助于基本功的训练。

　　围棋学习是提升自己思维素养的过程，最讲究记忆力和计算力的训练。

　　常用的棋形，需要记得快，还要记得准、记得牢。必须要养成良好的学习习惯：多下棋，下棋之后复盘，长此以往会慢慢养成过目不忘的能力，下过的棋全部摆得出来。围棋的记忆，不仅要了解一个形状，还要记住上下关联的变化，理解得越深，记得越全面。记的东西多了，分门别类在头脑中整理好，就有了一套自己的常用知识体系，形成了实战中快速反应的能力。

　　实战中总有记不完的新变化，围棋对弈还尤其考验临机应变的能力。出现新变化的时候，需要进行计算。计算是在头脑中形成一块棋盘，一步一步地在上面落子，进行脑算；同时还需要有一个思维体系，从思考为什么会有这样的棋形开始，到思考这个变化为什么可行，那个变化为什么不行。这里说的计算，包含了大家平时说的分析和判断。通过综合训练，逐渐拥有强大的想象力，形成围棋中克敌制胜的计算力。

　　围绕训练这两种能力，奇略做了错题本和死活题对战的新功能，比我们那个时候训练的条件还要更进一步。一套好书，可以是一位好的教练，一位好的导师。希望通过这套书能够让围棋爱好者和学员们真正提高自己的硬实力，涌现出更多优秀的围棋人才，超越我和我们这一代棋手。

　　职业九段是我职业生涯中重要的里程碑，是我新征程的开始。而对于广大爱好者来说，从入门到九段，可能是一段长长的征程，有着无数的挑战。这里引用胡适先生论读书的一段话，与大家共勉："怕什么真理无穷，进一寸有一寸的欢喜。即使开了一辆老掉牙的破车，只要在前行就好，偶尔吹点小风，这就是幸福。"

2022 年 8 月

前　言

很高兴这套书遇到了您。

这套书，献给那些对自己有要求的爱好者和对提升学生棋力最热忱、最负责任的围棋老师们。

奇略是一家以做围棋内容和赛事起步的公司，目前是业内最主要的围棋内容，尤其是围棋题目的供应方之一。我们长期支持各类比赛，包括北京地方联赛和全国比赛。进入人工智能时代，我们相信，围棋的学习一定是围绕着提升棋手自身综合素养进行的。通过学习围棋，每位棋手都可以成为有创新意识，有独立分析能力的优秀人才。

奇略坚持创新和创作，坚信天道酬勤。当我们开始创作这样一套综合题库时，我们合理安排每一道题，每一章都为读者设计了技巧提示和指引，每一项围棋技能都邀请了顶尖的职业棋手寻找更好的训练方式。

从入门到九段，不仅要有充足的训练资源，还要有有效的训练方式和成长计划。今天这份成长秘籍已送到您的手边。我们从十年来原创的题目中，选取了棋友反馈最多的题目——10000道！按照难度进行编排。它们将会推动您一点一点成长，我们可以想象出无数孩子和爱好者一道一道做下去时兴奋的表情。

日常训练的时候，最头疼的就是：很多时候想这么下，但是答案没有这个分支，一道一道都去问老师要花很多时间，想自己摆棋，棋子太多也要摆好久。

如今奇略将答案全部电子化，更找到北京大学生围棋联赛的同学们，根据爱好者的反馈，给每一道题加上了详细的变化。为了方便大家提升，我们还做了电子错题本和知识点图解。我们会结合您做题中的反馈，对您的专注力、计算力和记忆力做出分析，让您的成长走捷径。

千里之行，始于足下，让我们现在开始吧。

本套书的成书过程得到了太多人的支持，在此感谢科大讯飞联合创始人胡郁，海松资本陈飞、王雷，北京大学校友围棋协会会长曾会明的大力支持。成书期间，周睿羊九段多次来奇略为我们摆棋指导，感谢周睿羊九段的意见让这套书更完善。

卫泓泰　胡啸城　陈　禧

2022 年 8 月

目　录

● 凡例

○ 本书知识点 ……………………………………… 1

● 第 1 章　提吃 ……………………………………16
（1~69）

○ 第 2 章　抱吃 ……………………………………28
（70~83）

● 第 3 章　门吃 ……………………………………31
（84~101）

○ 第 4 章　倒扑 ……………………………………34
（102~127）

● 第 5 章　双打吃和枷吃 ……………………………39
（128~151）

○ 第 6 章　逼向死亡线 ………………………………43
（152~171）

● 第 **7** 章 接不归 ···································47
（172~287）

○ 第 **8** 章 不入气 ·································69
（288~347）

● 第 **9** 章 其他吃子技巧 ························80
（348~362）

○ 第 **10** 章 常见死型和活型 ················83
（363~435）

● 第 **11** 章 做眼 ···························96
（436~639）

○ 第 **12** 章 双活和假双活 ················131
（640~666）

● 第 **13** 章 胀牯牛 ·························136
（667~685）

○ 第 **14** 章 破眼 ·························140
（686~814）

● 第15章 连接·············· 162
（ 815~847 ）

○ 第16章 切断·············· 168
（ 848~889 ）

● 第17章 对杀·············· 176
（ 890~907 ）

○ 第18章 打劫·············· 179
（ 908~1000 ）

凡 例

1. 本书题目均为黑先，答案为无条件净活 / 净杀或有条件劫活 / 劫杀。

2. 本书题目大致按照知识点、难度排序，建议读者循序渐进，按照舒适的节奏安排练习。

3. 读者可以直接在书中作答，也可扫描书友卡中的二维码，在电子棋盘上进行互动答题并用错题本记录错题。

4. 读者在进入答题界面后，可以按照下列操作进行答题，也可以输入题目序号，找到对应题目后直接作答。

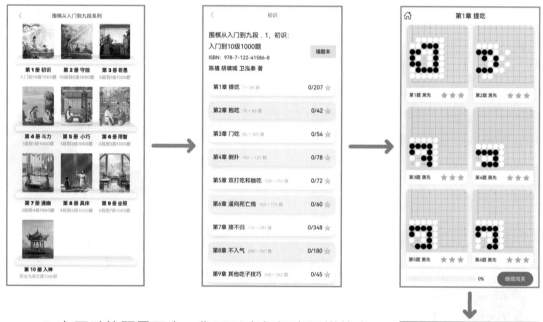

5. 在互动答题界面中，您可以自行探索黑棋的走法，系统将会自动给出白棋的最强应对，并在达到正确结果或失败结果时做出说明。

我们的答题界面、解题过程会持续优化、更新。愿我们的小程序和 App 一直陪伴您的学棋之路，见证您棋艺的提高。

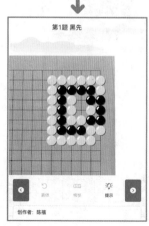

提吃

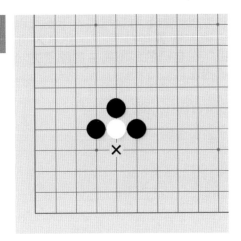

图 1

如图 1，中间的一颗白子只有一口气，用 × 标出。黑棋要如何吃掉这颗白子呢？

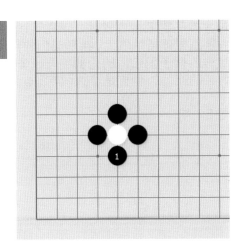

图 2

图 2 中，黑 1 下在白棋唯一的气上，白棋无气，被黑棋吃掉。当对方只有一口气时，下在这口气上将对方的棋子吃掉的吃子方法，称为"提吃"。

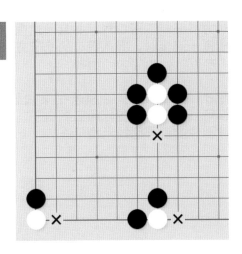

图 3

如图 3，紧密相接的棋子称为一块棋。例如，棋盘中间相连的两颗白子只有一口气，而黑棋下在这口气（× 位）上就可以将整块白棋提吃掉。

另外，一线上的棋子由于在棋盘边缘，也可能被对方用更少的棋子包围并提吃掉。

抱吃、门吃、倒扑

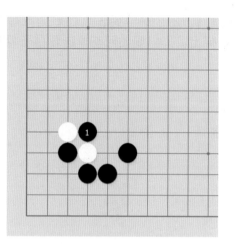

图 4

当对方棋子剩下两口气时，下在可以阻止对方逃跑或连接的气上，并将对方棋子"抱"在自己的包围圈中的吃子方法，称为"抱吃"。

如图 4，黑 1 抱吃。

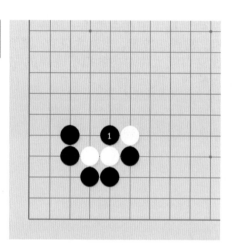

图 5

当对方棋子剩下两口气时，下在可以阻止对方逃跑或连接的气上，并形成门的形状，将对方的棋子困在门的内部的吃子方法，称为"门吃"，全称是"关门吃"。

如图 5，黑 1 门吃。

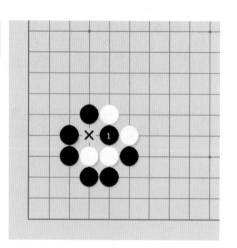

图 6

当对方棋子剩下两口气，并且通过虎口与其他棋子连接时，扑入虎口的吃子方法称为"扑吃"，也称为"倒扑"。

如图 6，黑 1 扑之后，白棋若在 × 位提吃，黑棋可立刻在 1 位提吃回三颗白子，故白棋被困住的棋子已经无路可逃。

双打吃、枷吃、逼向死亡线

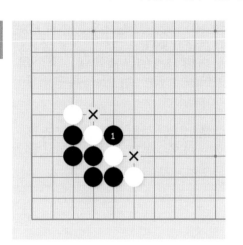

图7

打吃是威胁对方棋子最直接的方法，如果对方不能立即回应，被威胁的棋子就会被提吃。

如果一手棋同时打吃对方的两块棋，由于一回合只能下一手棋，对方无法将两块棋同时连回，其中必然有一块会被提吃。

如图7，黑1同时打吃两颗白子，白棋即顾此失彼，无法同时将两颗白子救回，只能救回一个，舍弃一个。这种吃子方法称为"双吃"，全称为"双打吃"或"双叫吃"。

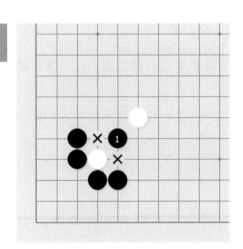

图8

如图8，黑1枷，与其他四颗黑子共同形成"枷锁"的形状，将被困的一颗白子牢牢扣在其中。枷锁形成了上方和右方两个方向的"门"，像两个门吃一样，彻底切断白棋逃跑的路径。无论向外逃跑还是从外部接应，白棋都无法成功逃出。

当对方有两口气或更多气时，通过"枷"的手段包围对方，将对方困死的吃子方法，称为"枷吃"。

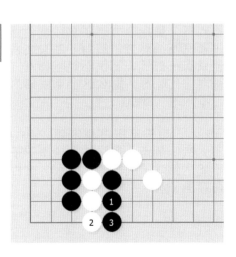

图9

如图9，黑1在二线上打吃，将被包围的两颗白子逼向死亡线（一线）；白2只能在死亡线上长出。由于被死亡线堵住一口气，长出之后白棋仍然只有两口气，黑3只要继续打吃白棋，白棋就无路可逃。这种将对方逼向死亡线上的吃子方法，本质上是接触吃子法。

进行至黑3，形成的棋形正是有一条死亡线协助的门吃。

接不归、不入气

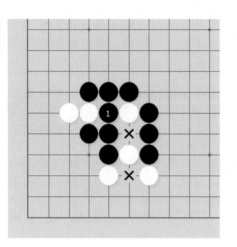

图 10

如图 10，黑 1 打吃之后，中间被拦下的一颗白子只剩下一口气，急需营救。然而由于白棋自身的连接问题，两个用 × 标出的位置无法两全，下在其中任意一个点都会被黑棋提吃。

这种情形下，白棋似乎建立了连接，却不能安全回家。黑棋这种吃子方法称为"接不归"。

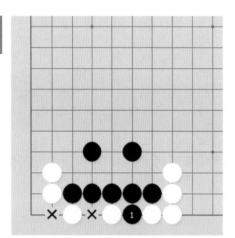

图 11

如图 11，黑 1 打吃之后，白棋的处境与图 10 中的接不归类似。不同之处在于，平常保持中立的死亡线，这时成了黑棋的帮手。

在黑子和死亡线的共同围困下，白子无法逃出。

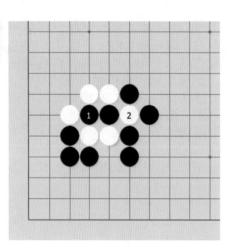

图 12

"不入气"是指一方想要下在某个点上，通过紧气吃掉对方，然而下上去之后发现自己只有一口气，不仅不能吃掉对方，还会被对方先吃掉，那么这个点就称为这一方"不入气"的点。

图 12 中，由于黑棋自身气紧，黑 1 成为"不入气"的点。黑棋若在这里下子，非但不能达到吃子的目的，而且会被白 2 反吃两颗黑子。

其它吃子技巧

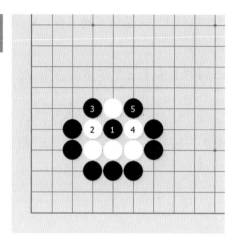

如图 13，三颗白子上方有一颗白子接应，而黑 1 正好巧妙地将白棋切断。黑 1 挖利用了弃子的思想——将来白 2 黑 3、白 4 黑 5 之后，黑棋虽然牺牲了一颗黑子，但仍然可以围堵试图逃跑的白棋，形成"接不归"的棋形。

这一块被围住的白棋形状像乌龟，无法出头而被吃，因此这个棋形称为"乌龟不出头"。

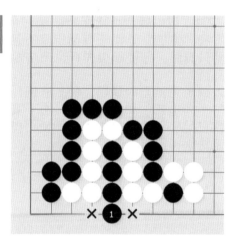

如图 14，黑棋被包围的三颗棋子只有一口气。黑 1 立是延气的手段，立后黑棋有两口气。白棋要想吃掉黑棋，需要立刻紧黑棋的气。然而无论白棋在左边还是在右边紧气，自己都会变成只有一口气。因为左右两边都不入气，白棋无法吃掉黑棋，只能接受被黑棋吃掉的结果。

黑 1 立在死亡线上，像一只单腿站立的鸡，因此这种吃子方法称为"金鸡独立"。

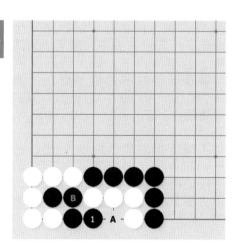

如图 15，黑 1 打吃是巧妙的弃子手段。四颗黑子只有一口气，看起来黑子是被吃掉的一方。但白棋若在 A 位提，黑棋即可以在 B 位断，通过抱吃吃掉了五颗白子。这种反击的手段好像反过来脱掉了对方的"靴子"，因此围棋术语中将这种吃子方法称为"倒脱靴"。

常见死型和活型

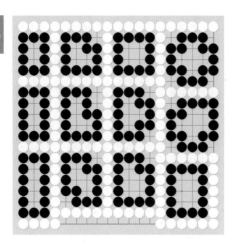

图 16 中有 12 块被包围的黑棋，就是十二种基本死活型。

第一列的上中下三个基本死活型，分别称为"直二""直三"和"直四"；第二列为"弯三""弯四"和"闪电四"；第三列为"方四""丁四"和"刀把五"；第四列为"梅花五""葡萄六"和"板六"。

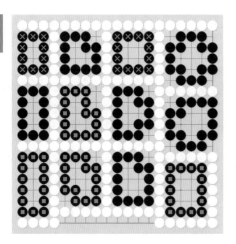

图 17 中，可以确定为死型的是 × 位的"直二"和"方四"，由于存活空间不足以形成两只真眼，即使黑棋先行也无法做活。

可以确定为活型的是口位的"直四""弯四""闪电四"和"板六"，由于其特定形状已足够形成两只真眼，即使白棋先行也无法杀掉黑棋。

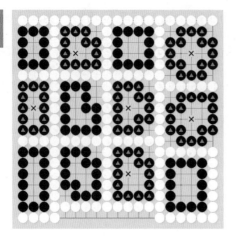

如图 18，剩下的棋形死活状态完全取决于谁先下：若己方先下，则可以形成两只真眼；若对方先下，则无法形成两只真眼。具备这种性质的棋形有△位的"直三""弯三""丁四""刀把五""梅花五"和"葡萄六"。

这种不确定型的要点用 × 标出，一般在棋形的正中间。如果黑棋先下到 × 位，则可形成两只或更多只真眼；反之，如果白棋先下到 × 位，整块黑棋则只剩一只真眼，无法存活。

做眼

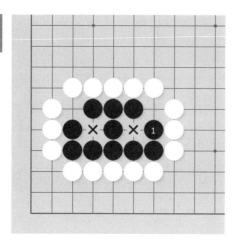

图 19

当一块棋已经有一只真眼时，只要再做出第二只真眼即可成为活棋。这种做活题称为"做眼1+1"型。

如图 19，黑棋在左边已经围成一只真眼，而黑 1 再围出一只真眼之后，整块黑棋即可成为活棋。

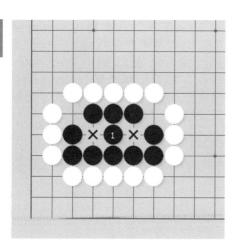

图 20

当一块棋有一个大眼，可以通过划分内部空间的方式分成两只真眼而成为活棋。这种做活题称为"做眼 1×2"型。

如图 20，黑棋形成了"直三"基本型，而黑 1 将直三分为左右两只真眼，成为活棋。

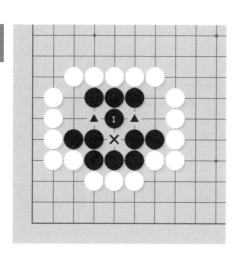

图 21

当一手棋可以做成一个真眼，同时做成两个半只真眼时，对方只能破掉其中一个，己方可以将另一个做成真眼，从而成为活棋。这种做活题称为"三眼两做"型。

如图 21，黑 1 做眼是要点，在做成下方 × 位的一只真眼的同时，左右各获得半只真眼。由于黑棋至少能围住左右两个 ▲ 位中的一处，黑棋就可以做成两只眼成为活棋。

双活、假双活和胀牯牛

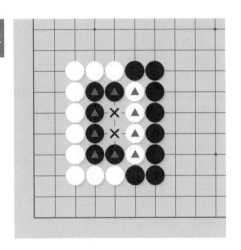

图 22

除了直接做出两只真眼之外，另外一种确保存活的方式就是与对方的棋形成"双活"。

如图 22，用▲标出的黑棋和白棋均被对方的棋子完全包围。然而双方都不敢在×位落子；一旦落子，己方的棋就仅剩下一口气，会被对方率先提掉。

这种双方都无法杀死对方而构成的僵局，就称为"双活"。

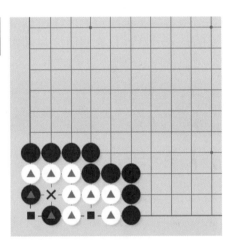

图 23

如图 23，在双方各有■位一只真眼的情形下，也有可能产生双活，这样的双活称为"有眼双活"（图 22 则称为"无眼双活"）。此时黑白双方仍然不敢在×位落子，因为先落子的一方仅剩下一口气，会被对方率先提掉。

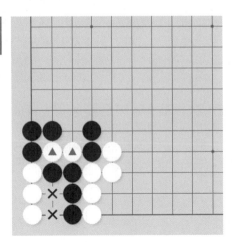

图 24

然而，并不是所有类似双活的形状都是真的双活，需要判断周围棋子的生死而鉴其真伪。在图 24 中，如果只看角上的四颗黑子和三颗白子，似乎符合双活的条件；然而标▲的两颗白子已经被黑棋门吃住，无法逃出。当这两颗白子被提掉之后，我们会发现左边的三颗白子只是单纯地被黑棋包围，自然死亡。

虽然黑棋不能立刻在×位落子，但左边的三颗白子显然已经名存实亡，只是三颗死子而已。我们把这样的情形称为"假双活"。

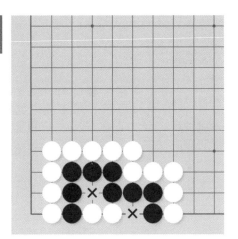

图 25

从死活形状的角度来说，图 25 也可以称为是"假双活"。表面上看起来黑白双方都无法下在 × 位，否则会被对方提吃；然而实际上白棋随时保留下在任意一点的权利，即使黑棋提吃之后，也会形成"直三"或者"弯三"的死型，被白棋击中要点之后即无法存活。

所以说，图 25 中的黑棋也已经名存实亡，只是死子而已。

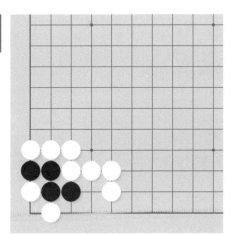

图 26

"胀牯牛"是通过将眼形的关键点变成对方的禁入点成为活棋的棋形。

图 26 中，左下角的黑棋面临险境，黑棋该如何顺利渡过难关呢？

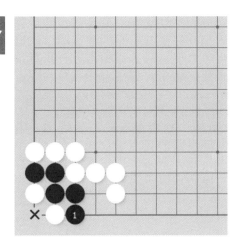

图 27

如图 27，黑 1 打吃，围成内部有两颗白子的弯三形状。× 是杀死黑棋的要点，然而根据禁入点的规则，白棋下在 × 点上没有气，因此只能望洋兴叹，眼睁睁地看着黑棋成为活棋。

黑棋内部已经有两颗白子，白棋无法再放第三颗子，就像牛已经吃饱，不能吃下更多的食物一样。因此类似这种做活的方法称为"胀牯牛"。

破眼

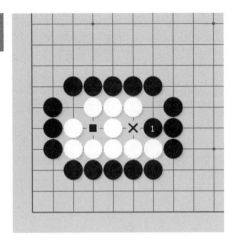

当一块棋已经有一只半真眼时，只要破坏半只真眼即可杀死这块棋。这种杀棋题称为"破眼型"。

图 28 中，白棋在左边■位有一只真眼，右边×位有半只真眼。黑 1 将右边的做眼空间破坏，使得白棋只有一只真眼，白棋被杀死。

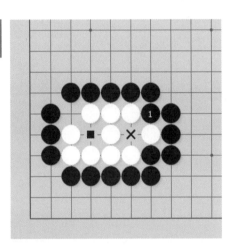

图 29 中，白棋在左边■位有一只真眼，右边×位有半只真眼。黑 1 从外面挤，使得白棋原本的眼形变成假眼，也可以达到杀棋的目的。

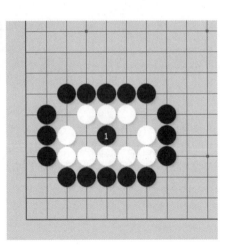

当对方的一块棋有一只大眼，并且这只大眼内部存在做成真眼的要点时，占据这个要点可以使这只大眼相当于一只真眼，从而杀死这块棋。这种杀棋题称为"占据要点型"。

图 30 中，白棋是直三不确定型，内部能够做成真眼的要点是中间的点。黑 1 占据要点，正中要害，使白棋只有一只真眼，就可以将白棋杀死。

连接

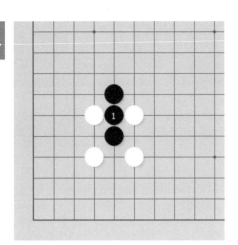

图 31

棋子在扩张之后，将形成相对位置关系不同的棋形。将己方的棋子连在一起的下法就称为"连接"。

连接的方式有很多种。如图 31，黑 1 将之前分离的两颗黑子粘在一起，使得三颗黑子紧密相连，棋形无懈可击。可以说，"粘"是最常规的连接手段。

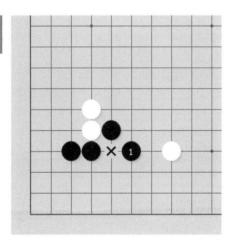

图 32

除了"粘"之外，黑棋还可以采用图 32 中"虎"的手段，做成虎口的棋形保护断点。由于虎的延伸速度比粘快，在很多的场合都是更好的选择。

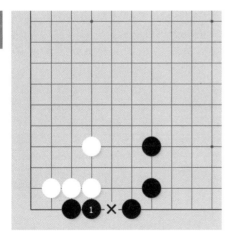

图 33

除了棋盘中间，在棋盘边角也可以形成虎口。

图 33 中，黑棋需要救回左下角即将被白棋包围的一颗黑棋。黑 1 爬，刚好在棋盘一线形成了虎口；由于一线的特殊性，白棋无法在 × 位切断黑棋，黑子即完成连接。

分断

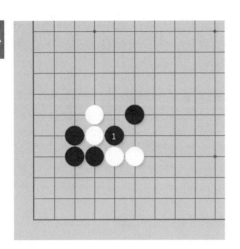

破坏对方不同棋子之间的连接的下法，就称为"分断"。

分断的方式有很多种。如图34，黑1将上边的两颗白子和右边的两颗白子拦腰切断，使得白棋由一块变成两块，面临威胁。可以说，"断"是最常规的分断手段。

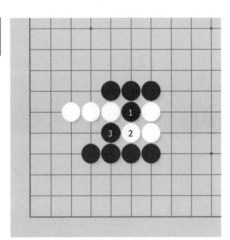

除了直接切断之外，也可以通过其他的攻击手段达到分断的效果。

图35中黑1的手段称为"冲"，强迫白棋在2位"挡"住抵抗；白棋棋形的断点较为明显，黑3即可完成分断。

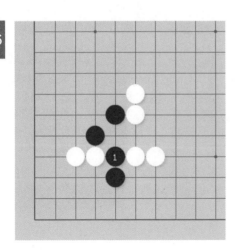

有一句谚语叫"进攻是最好的防御"。在短兵相接的接触战中，连接己方的棋子，有时候就可以自然地分断对方的棋子。

如图36，黑1在连接自身棋子的过程中形成虎口，保证了自身的连接，又将左边的两颗白子与右边的四颗白子分隔开来。这种既可以连接己方，又可以分断对方的位置，一般都是棋盘上的必争之地。

对杀

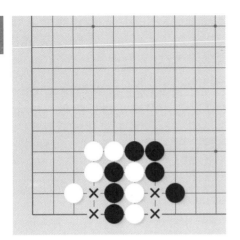

图 37

当两块棋互相包围，而且都没有两只真眼时，只有吃掉对方才能救出自己，这种情况称为"对杀"。为了准确判断对杀的结果，首先需要利用"气的分类"知识对双方的气进行分析，然后需要利用"气的推算"的知识判断对杀的最终结果。

首先，一方独有并且不在真眼中的气，称为"外气"。如图37，中间的三颗黑子和三颗白子互相被对方包围，各有两口外气，用 × 标出。

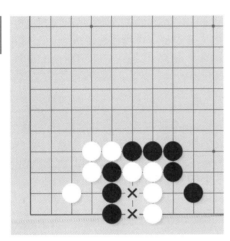

图 38

双方共有的气，称为"公气"。如图38，中间的三颗黑子和四颗白子互相被对方包围，各有两口公气，用 × 标出。这两口气既是黑棋的气，也是白棋的气，因此是双方的公气。

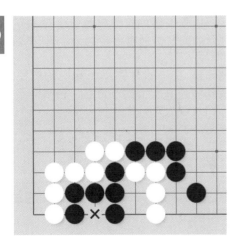

图 39

真眼中包含的气，称为"内气"。如图39，中间的六颗黑子和四颗白子互相被对方包围。由于黑棋有一只真眼，真眼的内部有一个点，用 × 标出，这个点是黑棋的内气。

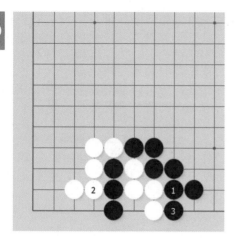

图 40

对杀的目标是让对方的气数先变为 0，紧气可以让对方的气变少，自然成为对杀中最直观的手段。

如图 40，中间的三颗黑子和四颗白子展开对杀，双方各有两口外气和一口公气。此时黑棋先行，黑 1 应该先紧外气。白 2 紧气后，黑 3 抢先一步打吃，此时刚好快一气赢得对杀。

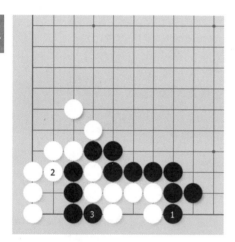

图 41

如图 41，左边的三颗黑子和右边的七颗白子展开对杀。轮到黑棋先行，白棋有一只真眼，黑棋无眼；白棋有一口外气、一口内气和一口公气，黑棋有三口外气和一口公气。

按照标准的紧气次序，黑棋应该先紧外气，再紧公气，最后再紧内气。黑 1 和白 2 各紧掉一口外气后，黑 3 再紧公气即可快一气杀白。在本例中，如果完全从对杀结果的角度考虑，黑 1 先紧公气也可以达到目的。

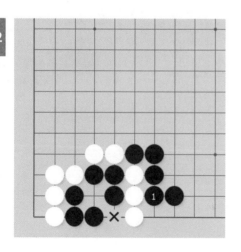

图 42

当然，由于有眼的一方自身包含对方无法直接进入的内气，通常会在对杀中具有优势。

如图 42，左边的六颗黑子和右边的三颗白子展开对杀。黑 1 紧气之后，白棋剩下一口外气和一口公气，而黑棋则有一口内气和一口公气。然而，由 × 标注的点是白棋不入气的点，因为下子后会把自己变成一口气，被对方立即提掉。

对于这种情况，有眼的一方获胜，简称为"有眼杀无眼"，这在实战中很常见。

打劫

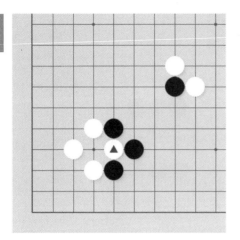

图 43

一般情况下，落子时自己的棋子无气，但可以让对方棋子也无气的点，就不是禁入点，而是使对方无气的非禁入点。

但如图 43 的情况除外。假设左下角白▲的棋形刚刚形成，双方都没有提过对方的子；如果规则允许黑棋和白棋相互吃子的下法一直进行下去，将进入死循环。这种棋形称为"打劫"。

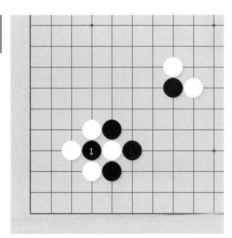

图 44

如图 44，黑 1 提劫之后，由于禁止全局同形再现的规定，白棋下一手不能立刻提回，而是需要在棋盘其他的地方落子；如果对方下一手也在棋盘其他的地方落子，白棋才能吃回黑子。

黑 1 提劫时，白棋不能落子的点，称为白棋的"打劫禁入点"。

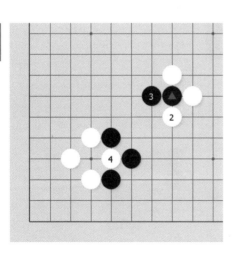

图 45

如图 45，白 2 在别处打吃，威胁用▲标出的一颗黑子；黑 3 如果跟着应，白 4 即可提回下面的劫。像白 2、黑 3 这种一方命令另一方立即回应的交换，称为"找劫材"。

由于找劫材的过程存在不确定性，死活题中一般会将打劫的结果与净活、净杀的结果区分开来，前者为有条件死活，后者为无条件死活。当然，在解答死活题的过程中，我们一般不考虑打劫开始之后双方在棋盘其他地方的进行；只要创造出打劫的条件，即可算作是一种最终结果。

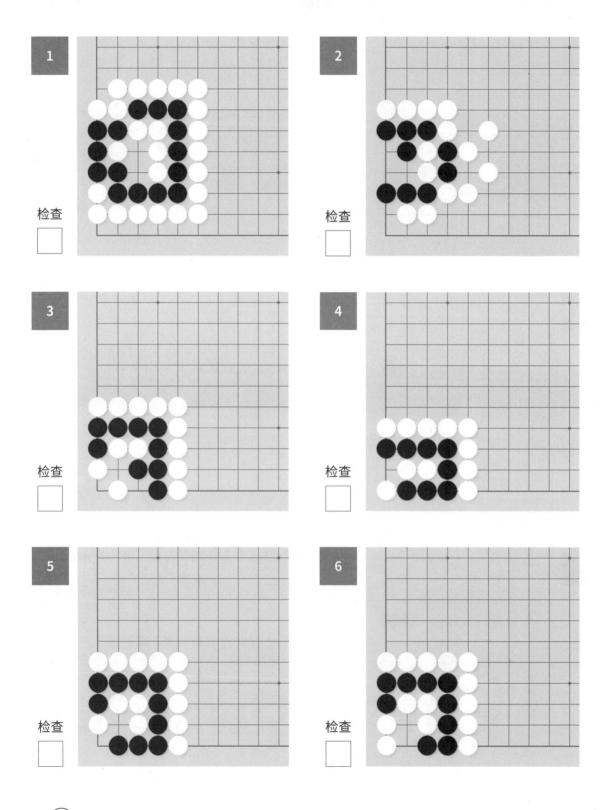

1

检查

2

检查

3

检查

4

检查

5

检查

6

检查

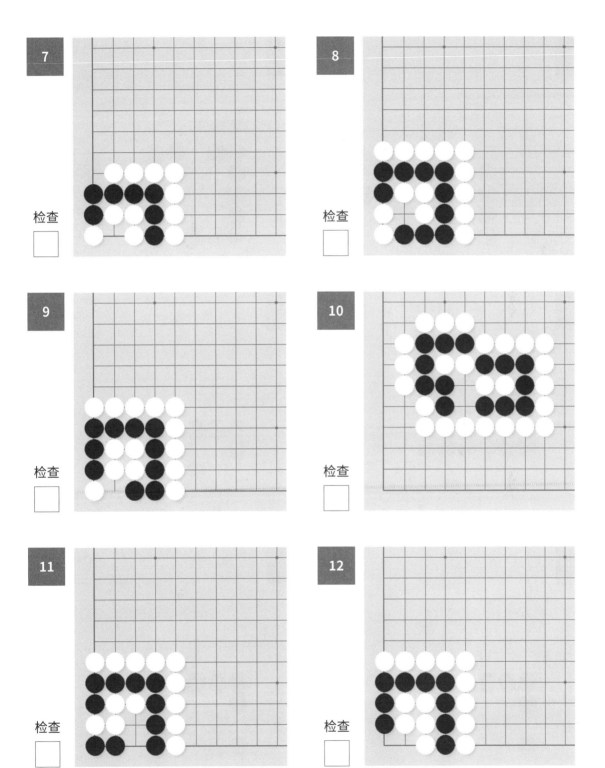

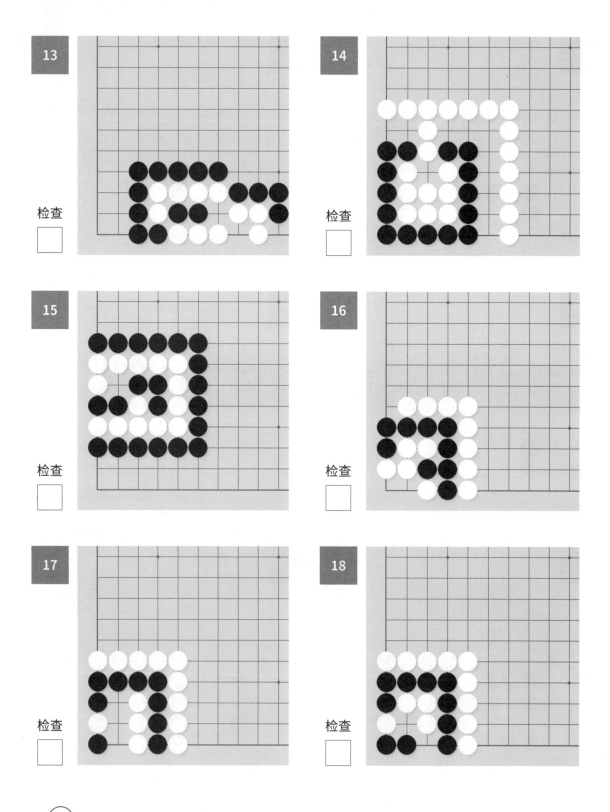

19

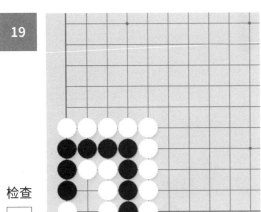

检查

20

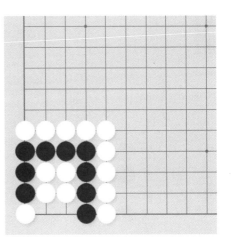

检查

21

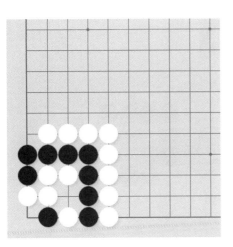

检查

22

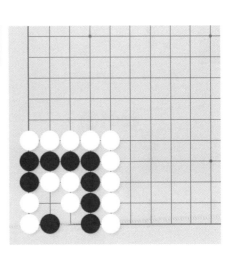

检查

23

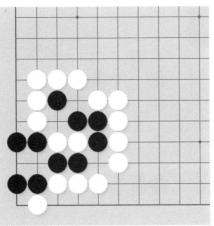

检查

24

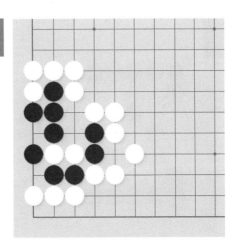

检查

25

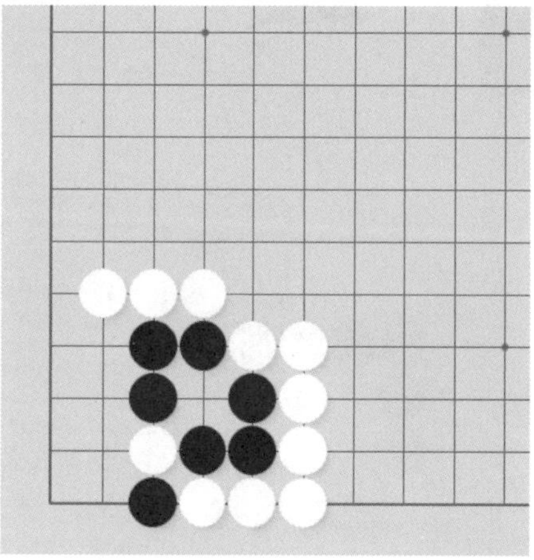

检查 ☐

26

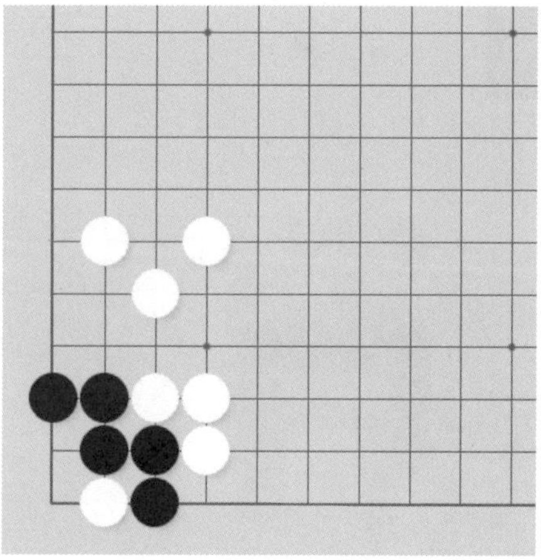

检查 ☐

27

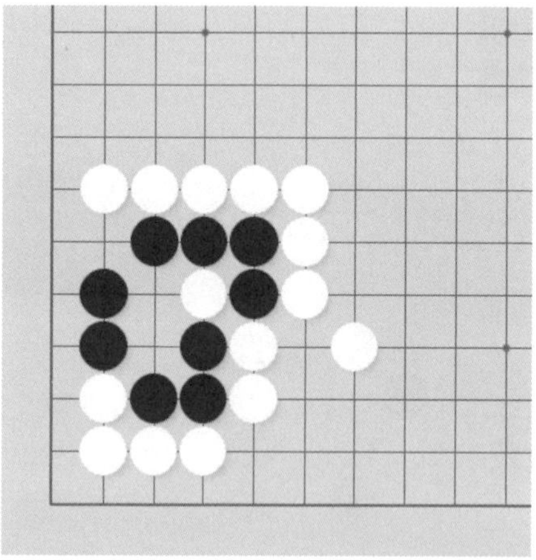

检查 ☐

28

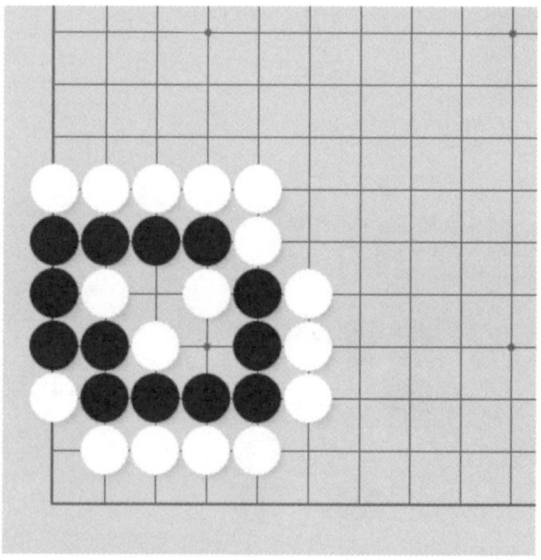

检查 ☐

29

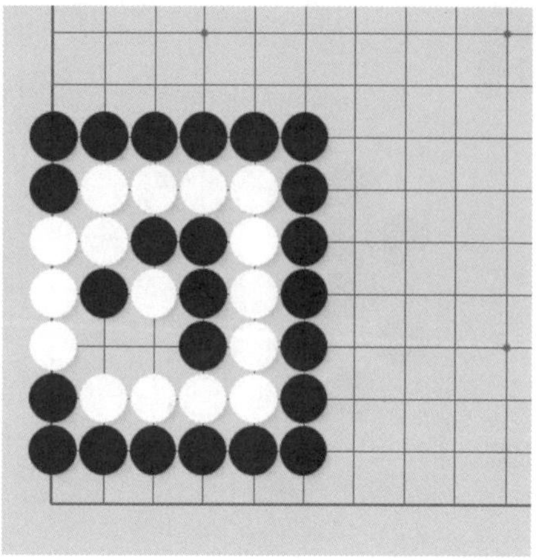

检查 ☐

30

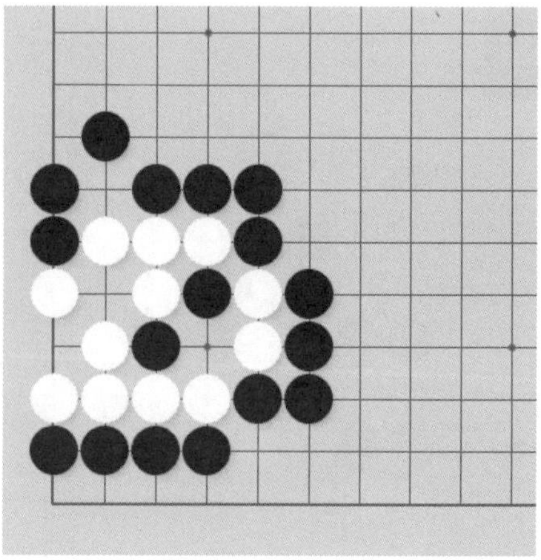

检查 ☐

31

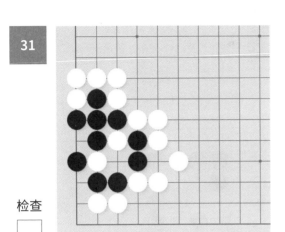

检查 □

32

检查 □

33

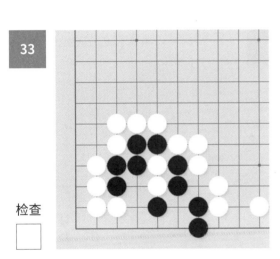

检查 □

34

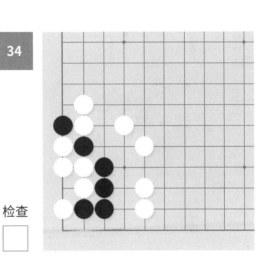

检查 □

35

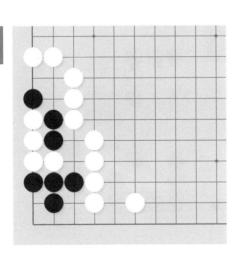

检查 □

36

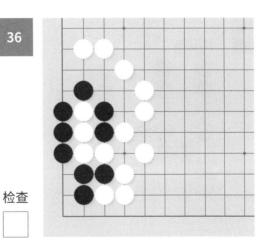

检查 □

37

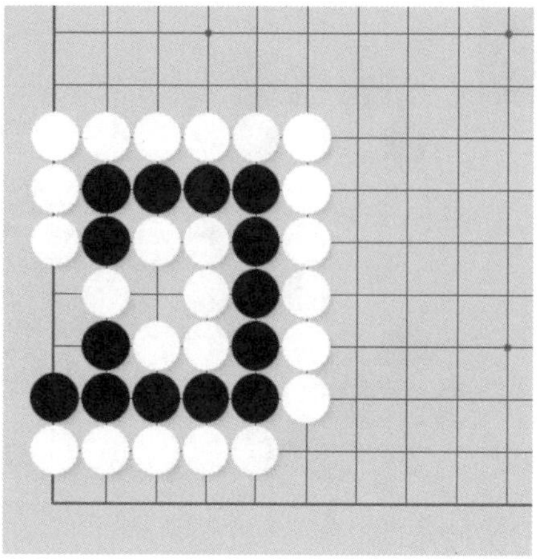

检查

38

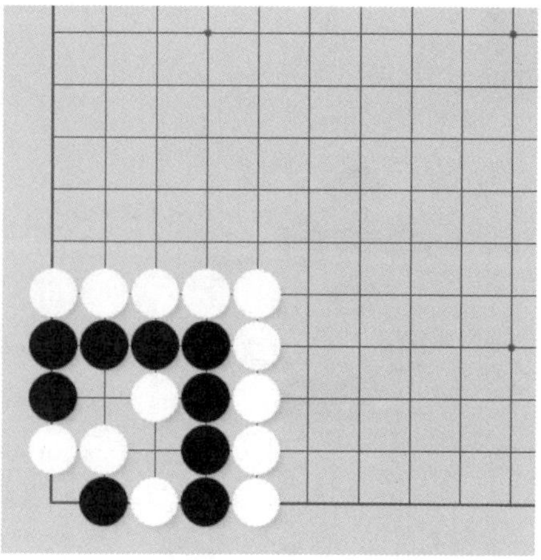

检查

39

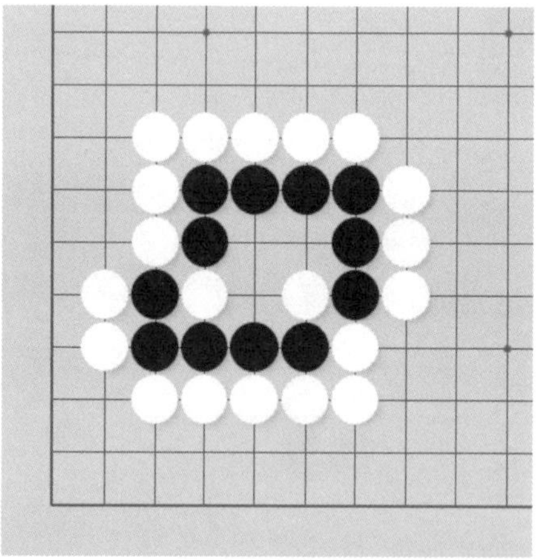

检查

40

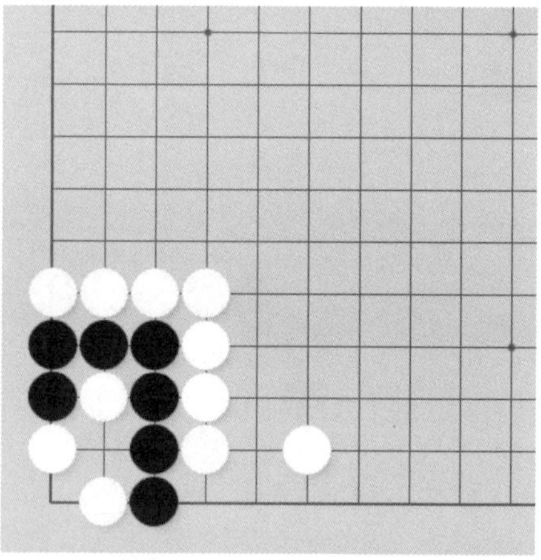

检查

41

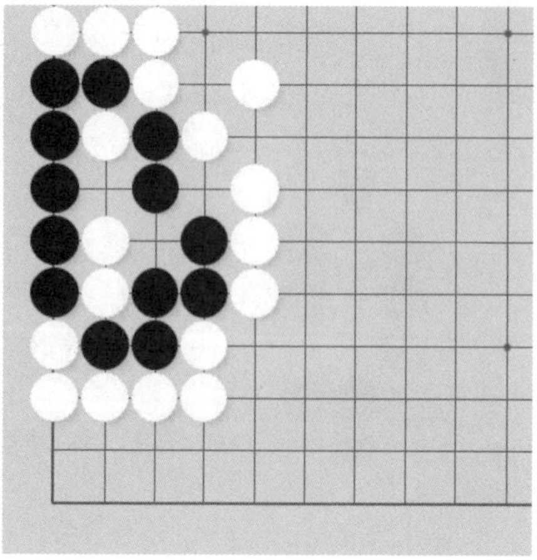

检查

42

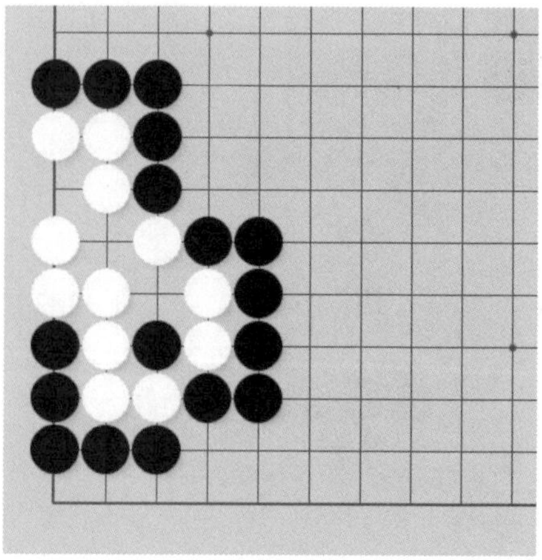

检查

43

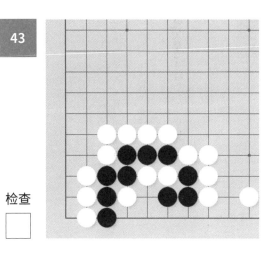

检查

44

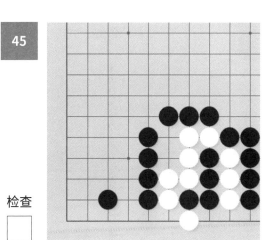

检查

45

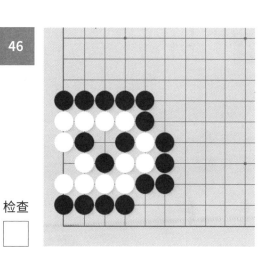

检查

46

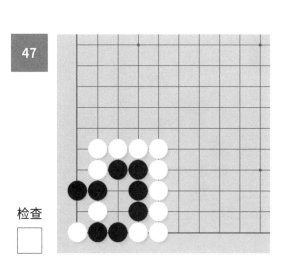

检查

47

检查

48

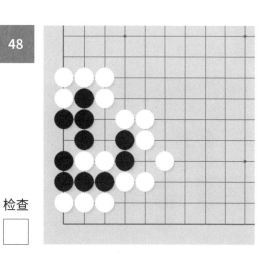

检查

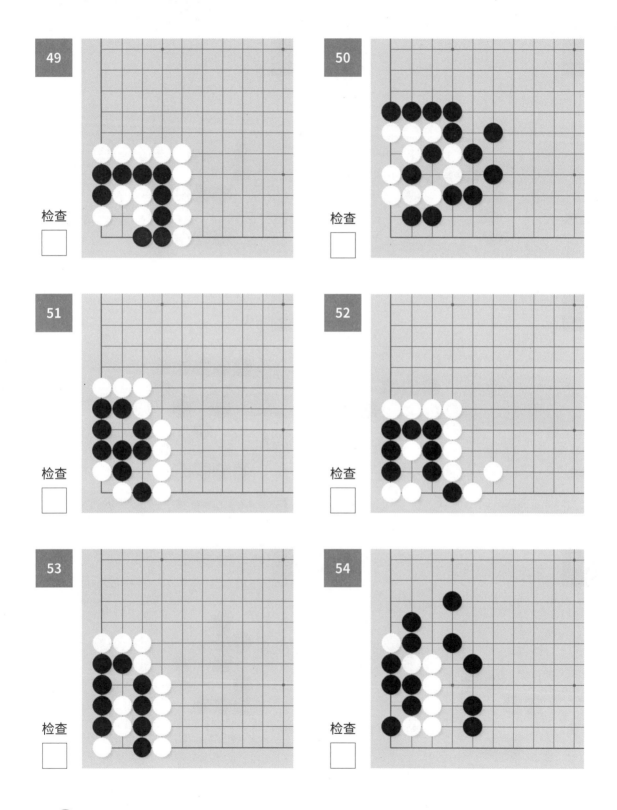

49 检查

50 检查

51 检查

52 检查

53 检查

54 检查

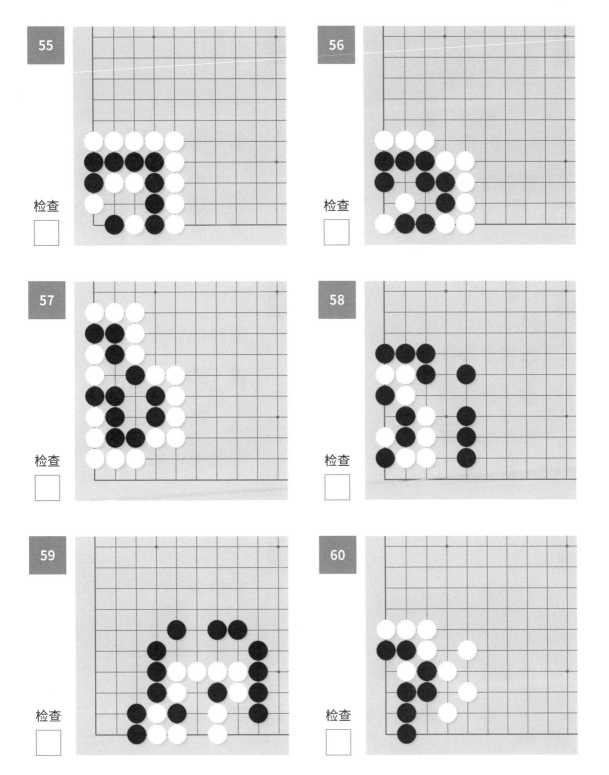

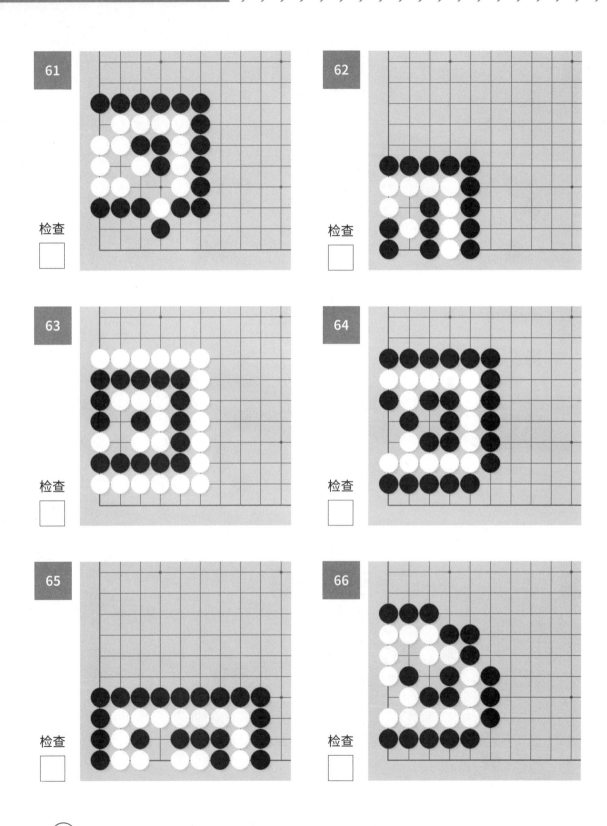

67

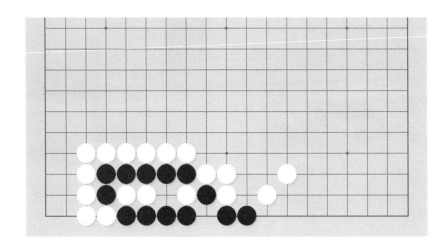

检查

68

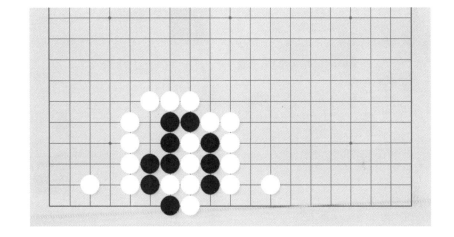

检查

69

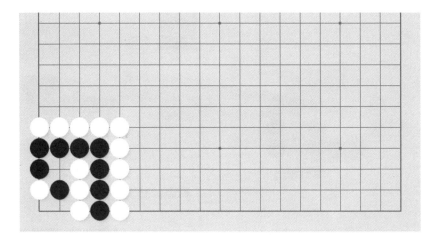

检查

70

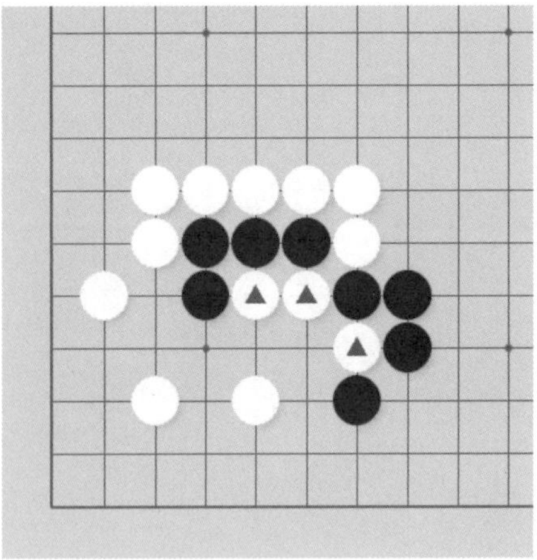

检查

71

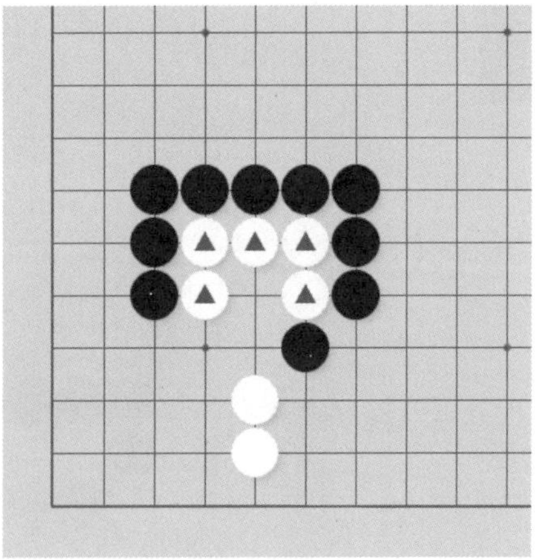

检查

72

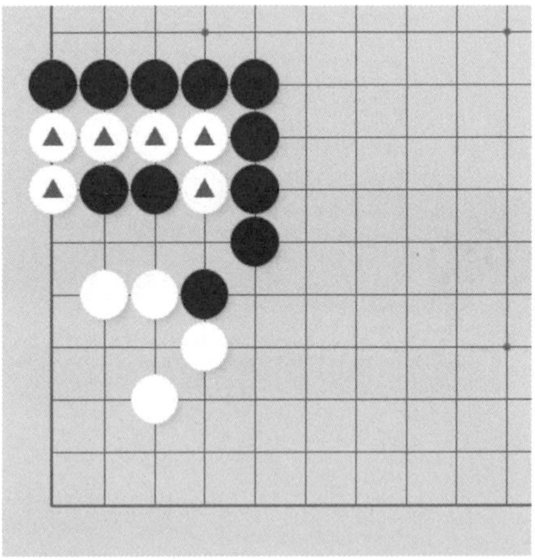

检查

73

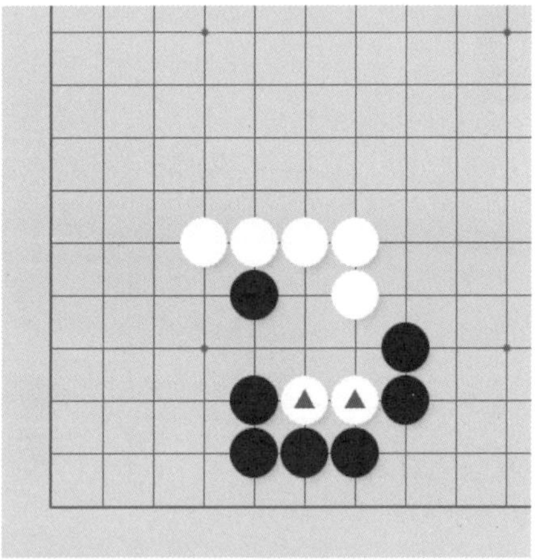

检查

74

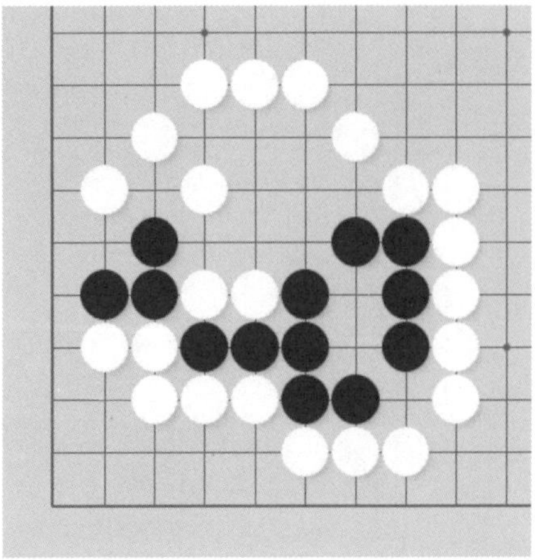

检查

75

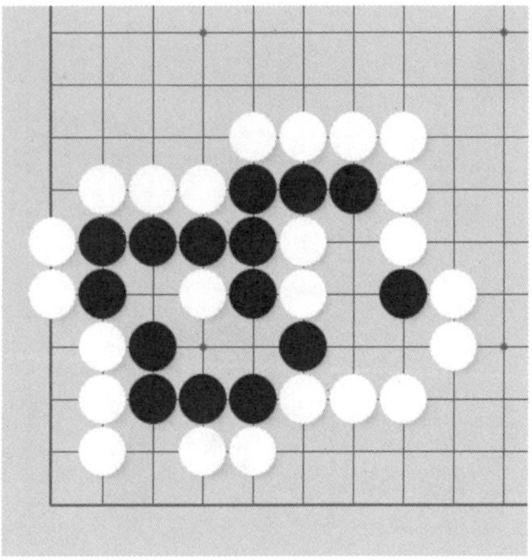

检查

76

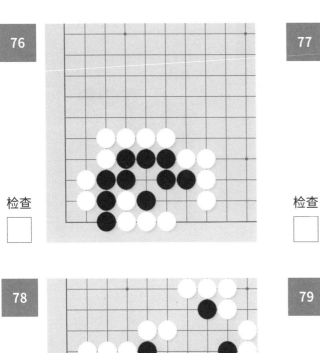

检查

77

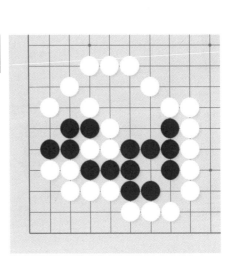

检查

78

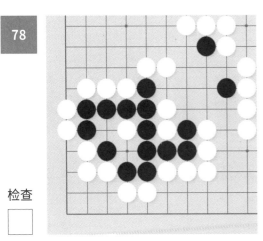

检查

79

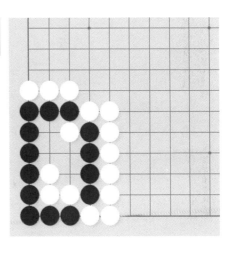

检查

80

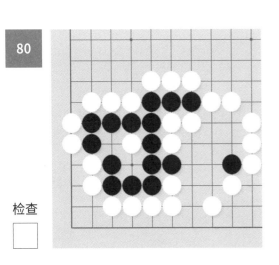

检查

81

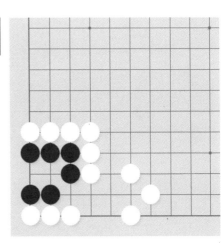

检查

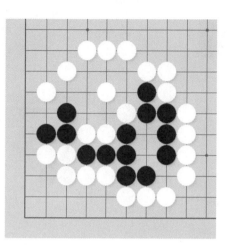

82

检查

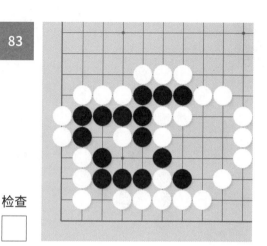

83

检查

棋感

  围棋中有一种魔幻力量，是不论业余爱好者或职业棋手都想要拥有的，那就是"棋感"。棋感是一种随心所欲的感觉，棋感好的人可以在10秒快棋中依然能在最佳的位置上落子，对于任何棋形的手段也会察觉得比一般人快许多。

  如何培养棋感呢？一是大量做题，培养对死活、棋形的感觉。二是大量对弈，在实战中设法将所学运用出来。

——檀啸

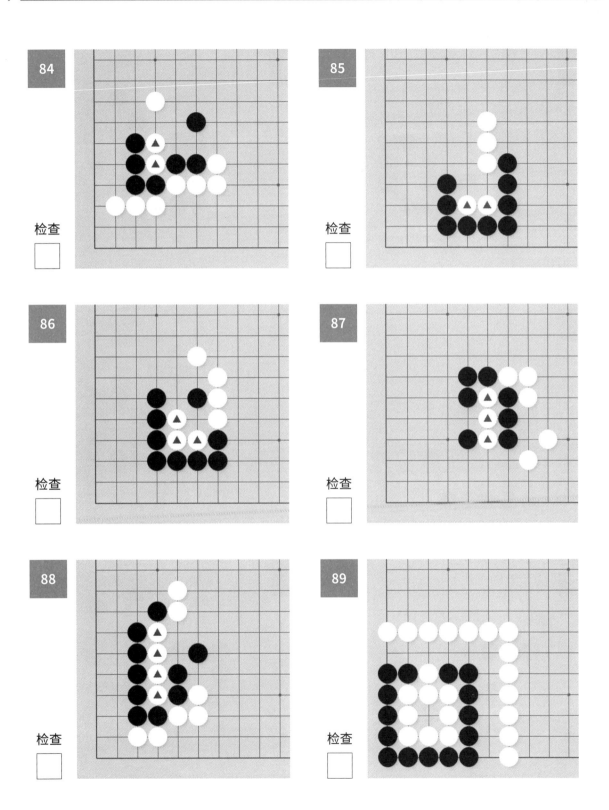

84　检查 □

85　检查 □

86　检查 □

87　检查 □

88　检查 □

89　检查 □

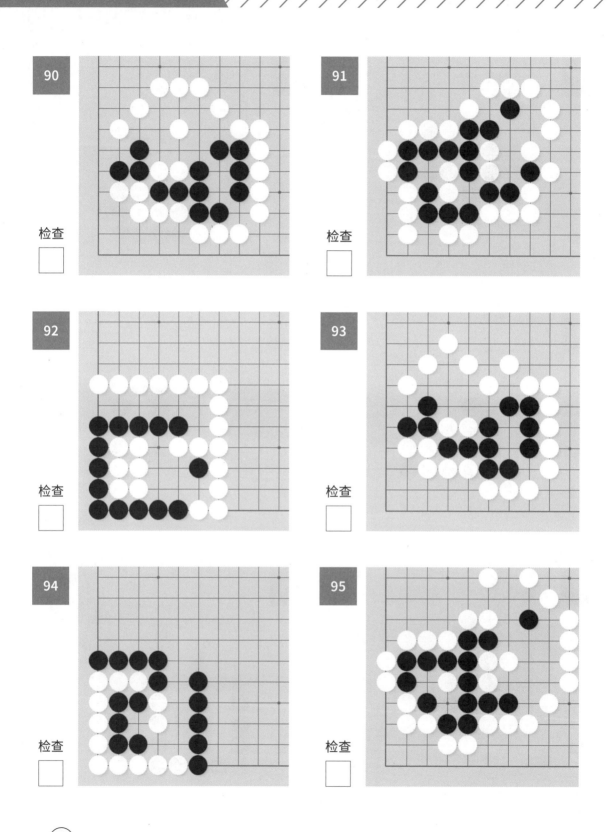

90
检查

91
检查

92
检查

93
检查

94
检查

95
检查

96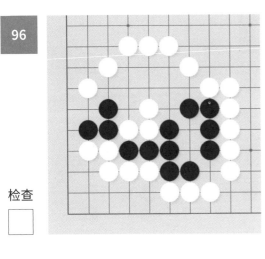

检查

97

98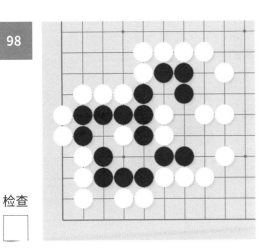

检查

99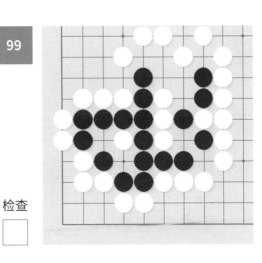

检查

100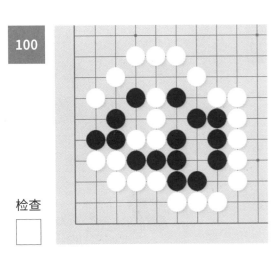

检查

101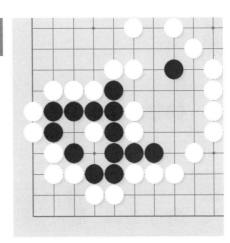

检查

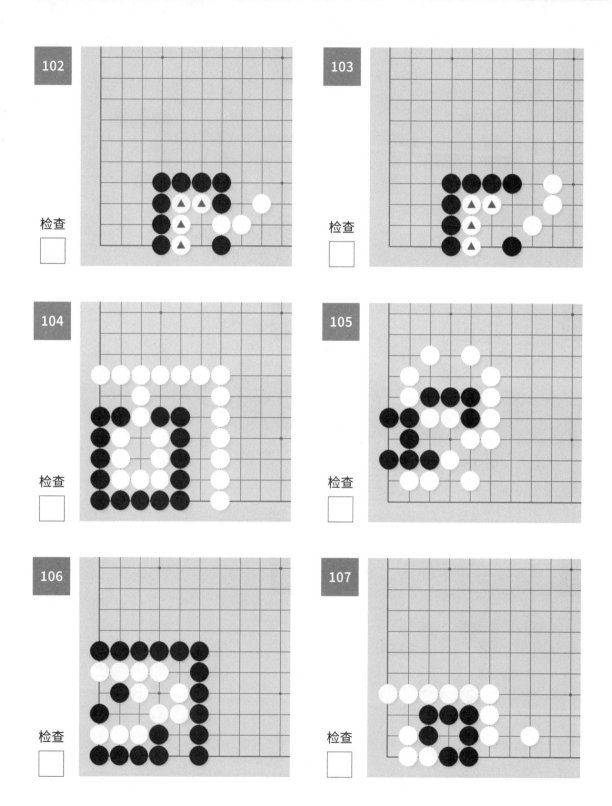

102

检查

103

检查

104

检查

105

检查

106

检查

107

检查

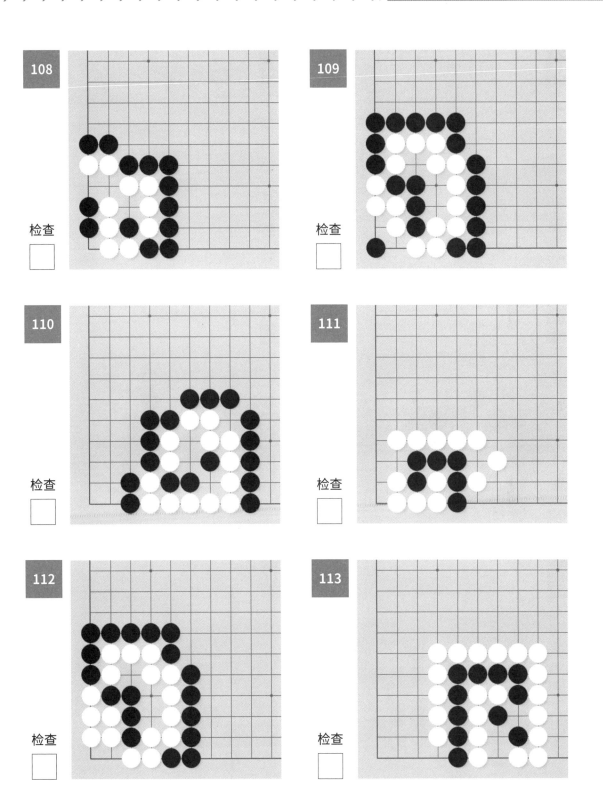

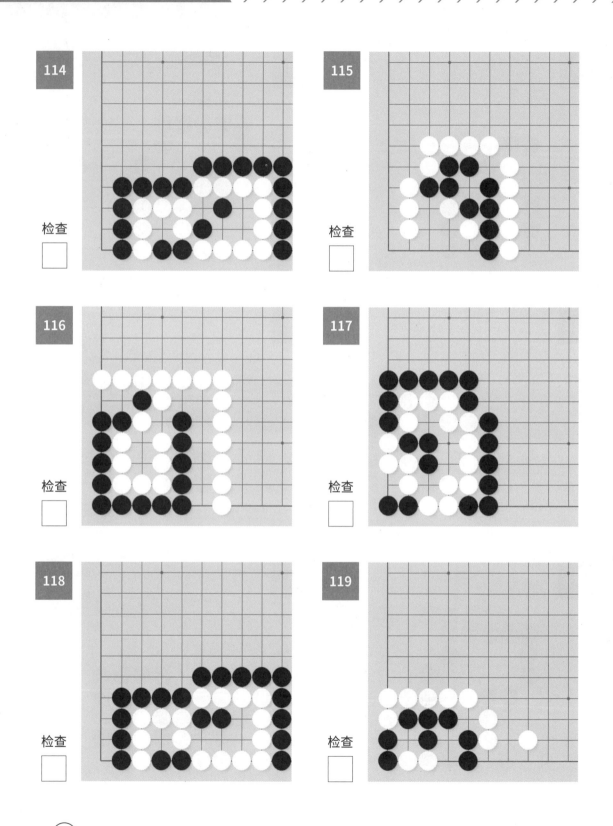

114 检查 ☐

115 检查 ☐

116 检查 ☐

117 检查 ☐

118 检查 ☐

119 检查 ☐

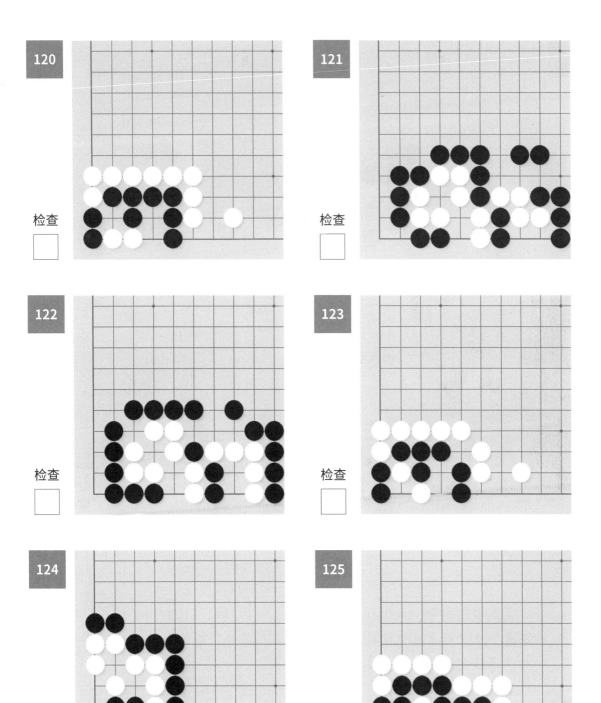

126

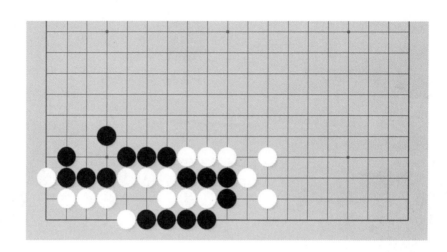

检查

127

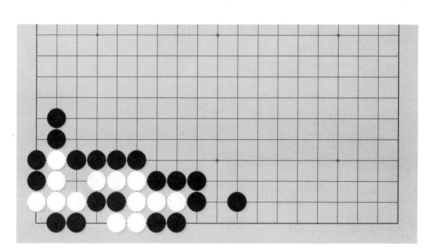

检查

双倒扑

在众多棋形中，双倒扑一直是我很喜欢的棋形。双倒扑是相当神奇的杀着，无论对手从哪里提子都无法挣脱。另外，双倒扑的棋形长得与时光沙漏非常相像，颇具美感。

小时候，我会因为下出双倒扑吃掉对手的一块棋而开心一整天。

——陈禧

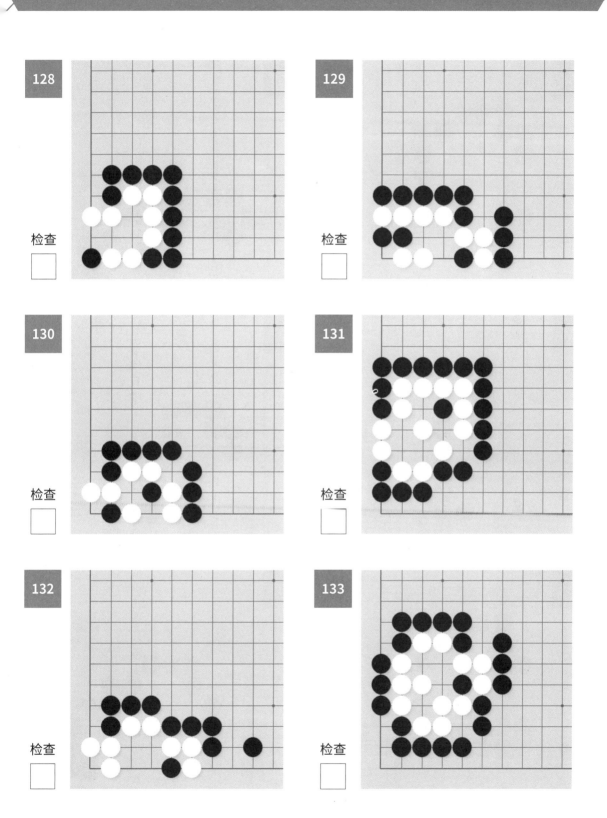

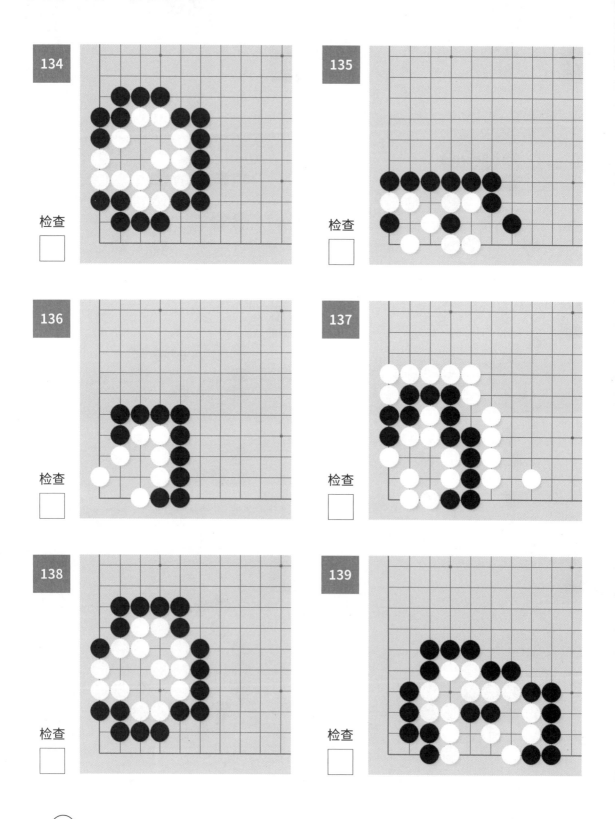

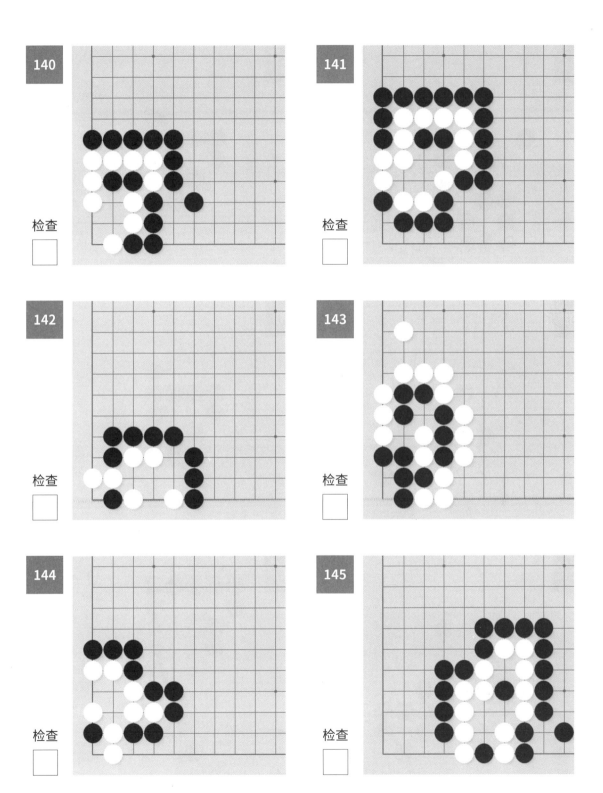

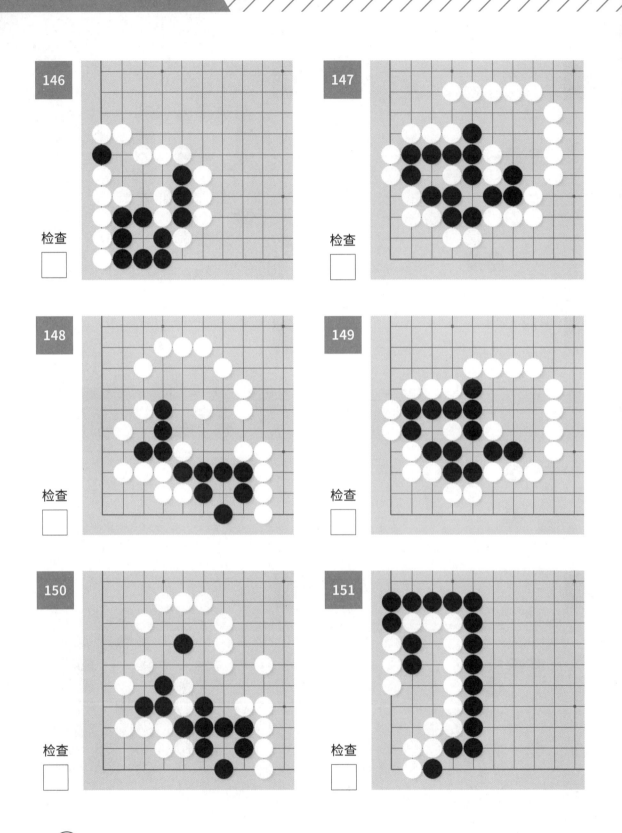

146

检查 □

147

检查 □

148

检查 □

149

检查 □

150

检查 □

151

检查 □

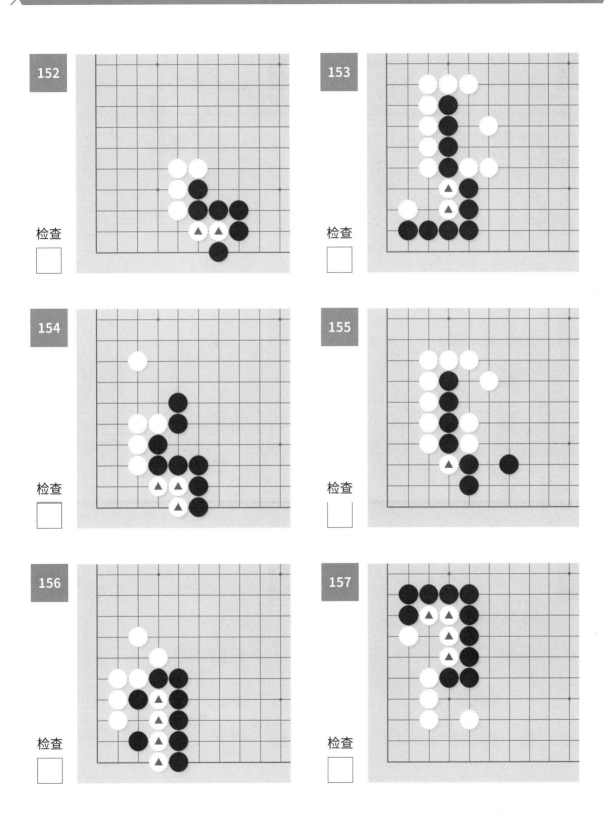

152

检查

153

检查

154

检查

155

检查

156

检查

157

检查

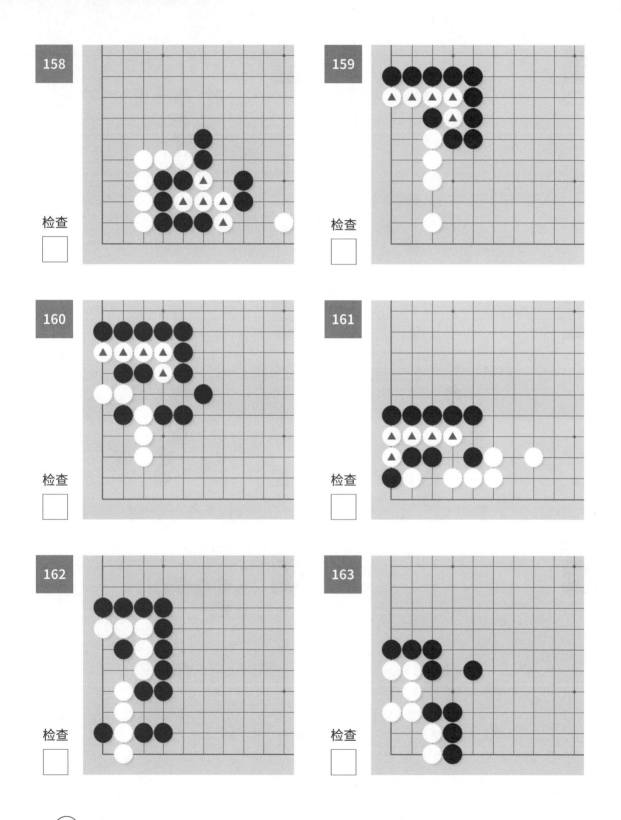

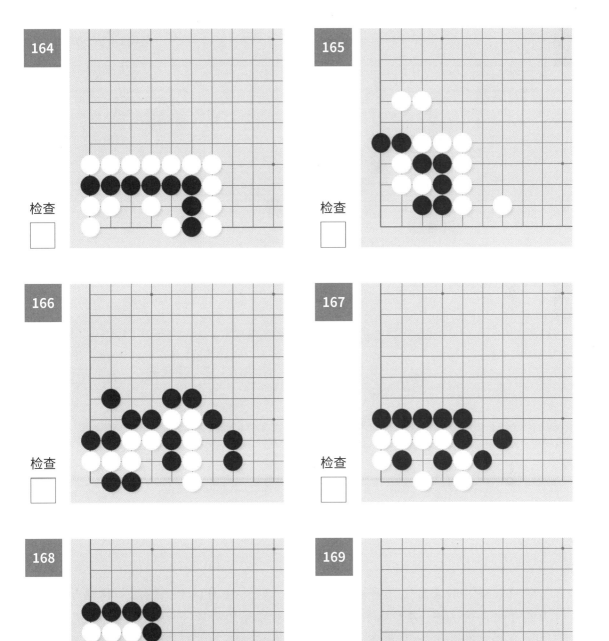

170

检查

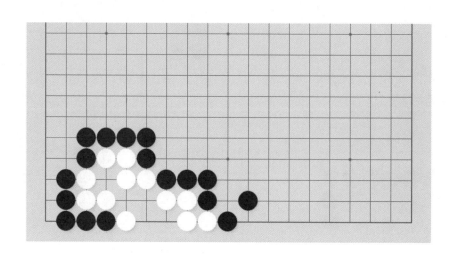

171

检查

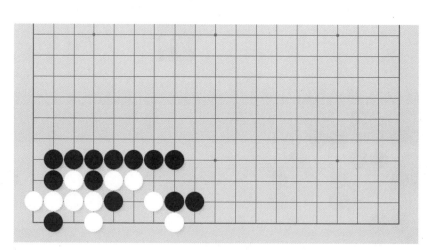

手筋

　　"手筋"的意思是局部对弈的最佳妙着。在围棋中，"筋"指棋子与棋子之间的关系。在所有的筋之中，效果极大的特殊下法，即称为手筋。

　　我们该如何在对弈中下出手筋呢？首先必须要有强大的计算力为后盾，其次再运用平时做死活题培养出的棋感，就能找到那震撼人心的一步棋了！

——胡啸城

第 7 章　接不归

172

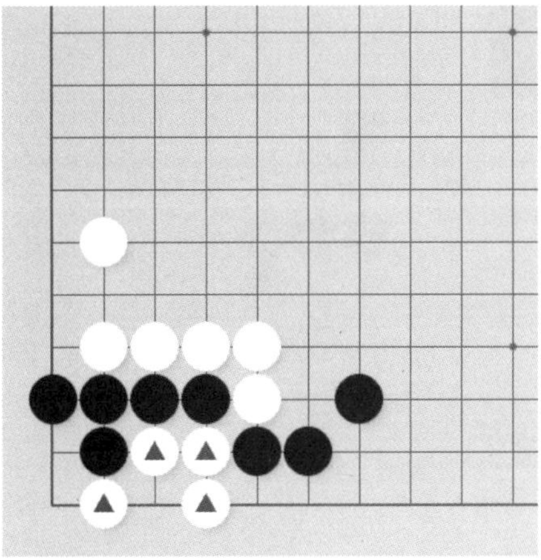

检查

173

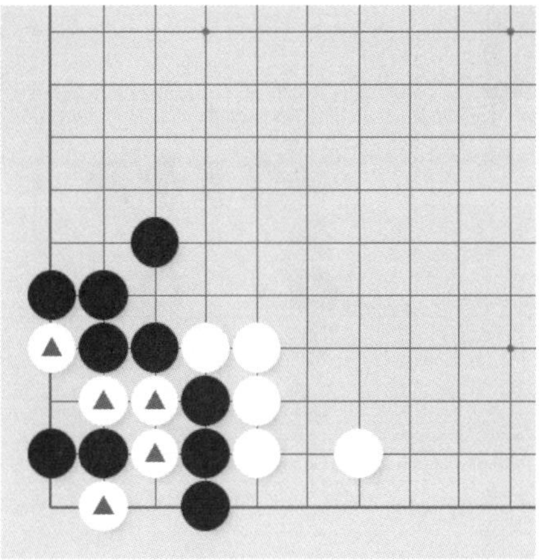

检查

174

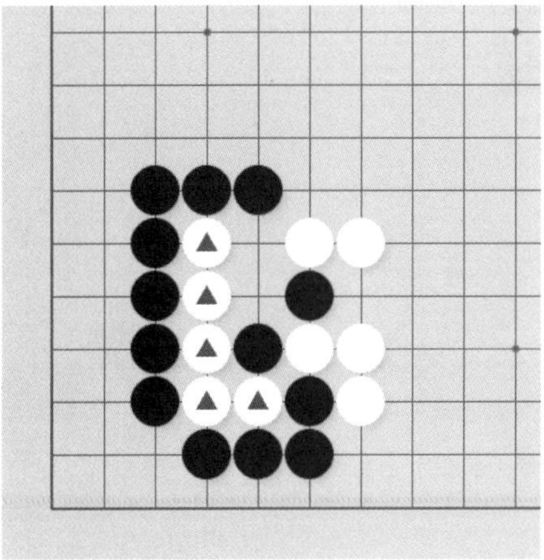

检查

175

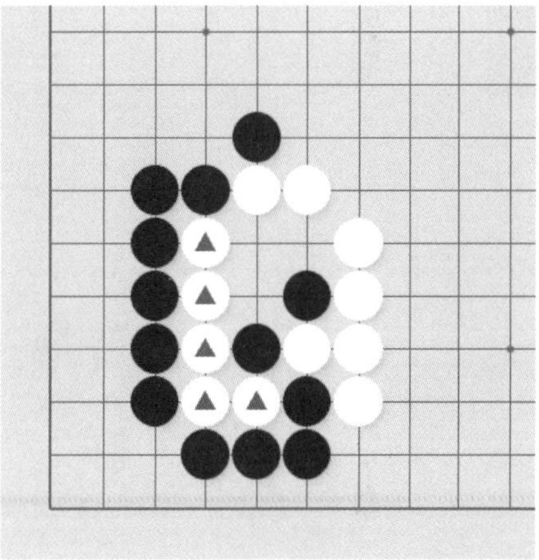

检查

176

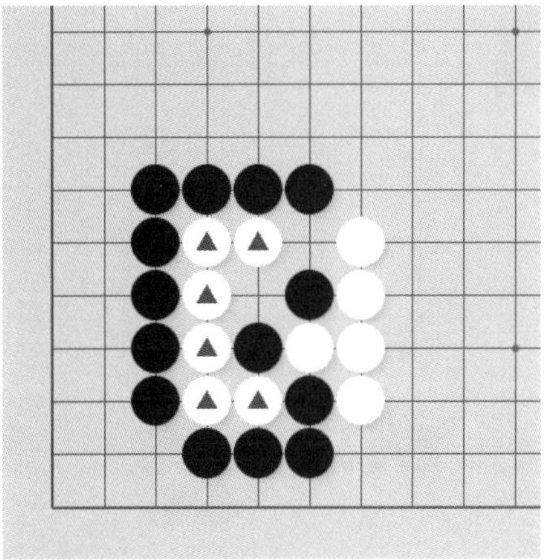

检查

177

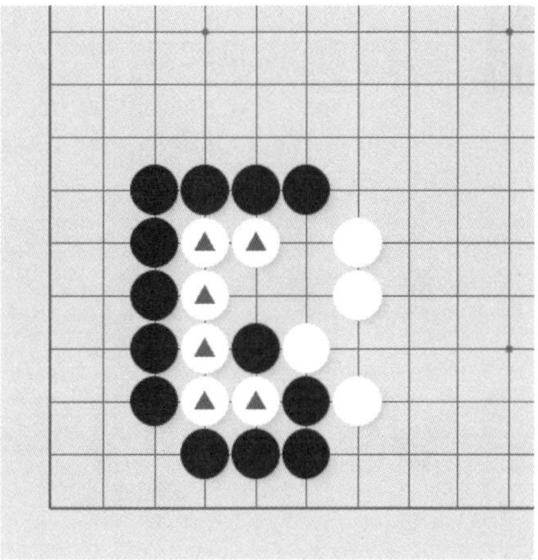

检查

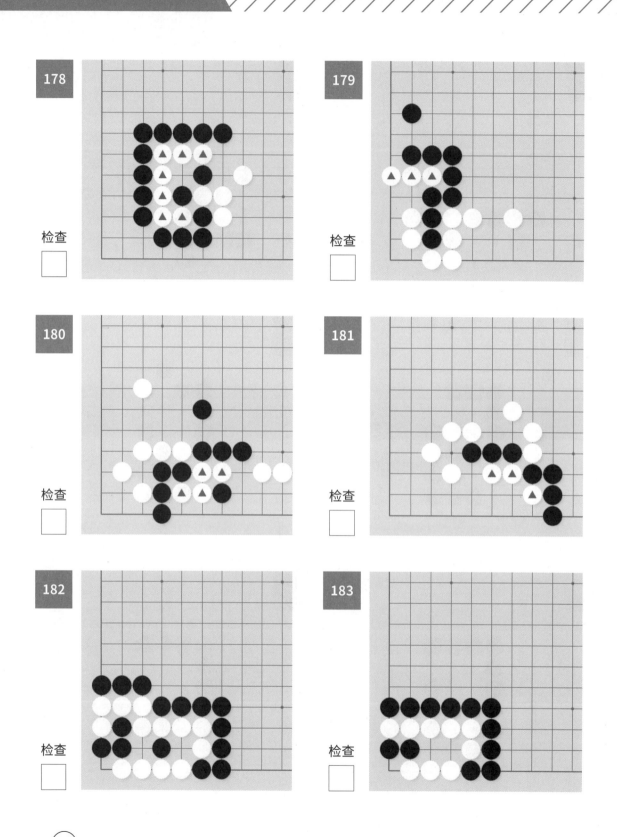

178

检查 ☐

179

检查 ☐

180

检查 ☐

181

检查 ☐

182

检查 ☐

183

检查 ☐

184

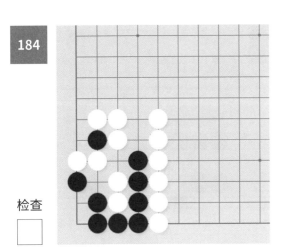

检查

185

检查

186

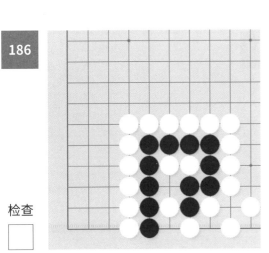

检查

187

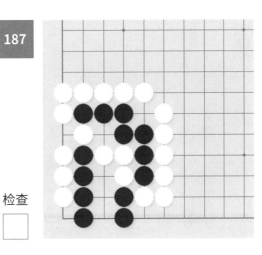

检查

188

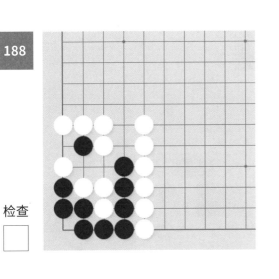

检查

189

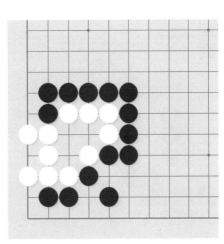

检查

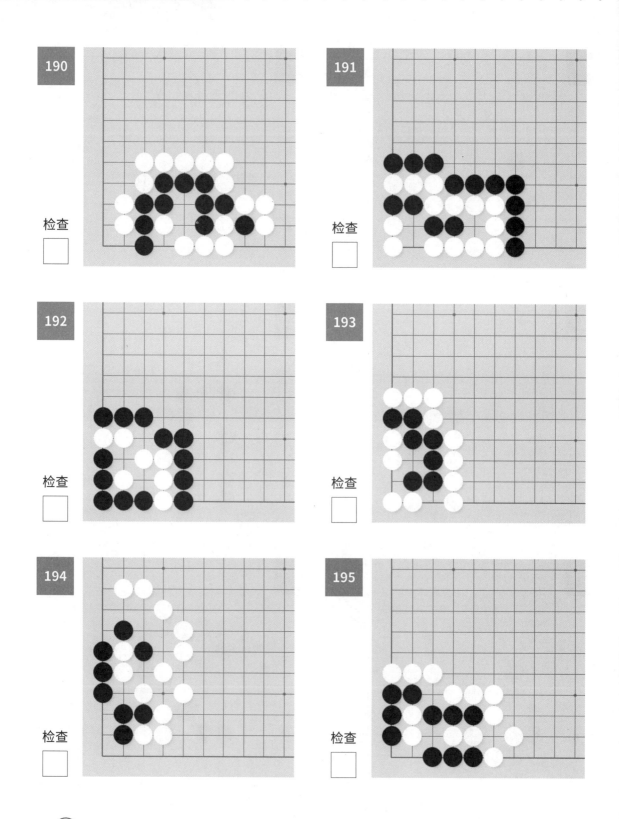

196

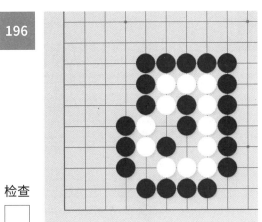

检查

197

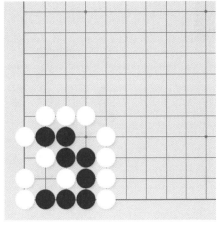

检查

198

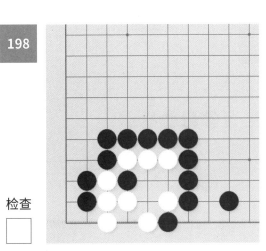

检查

199

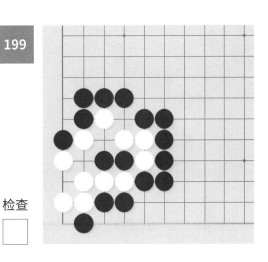

检查

200

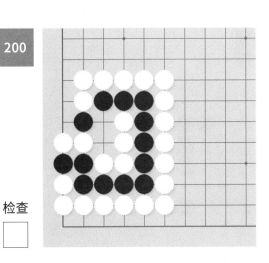

检查

201

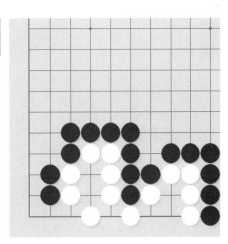

检查

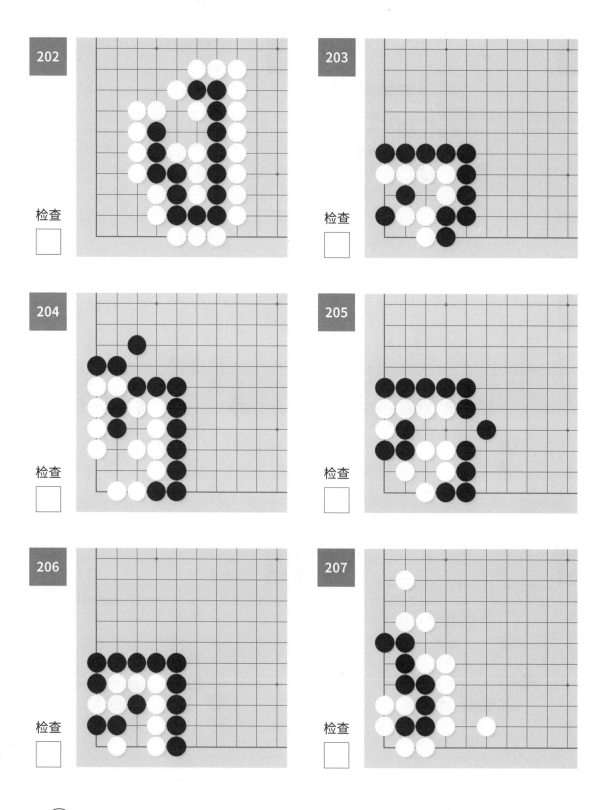

202 检查

203 检查

204 检查

205 检查

206 检查

207 检查

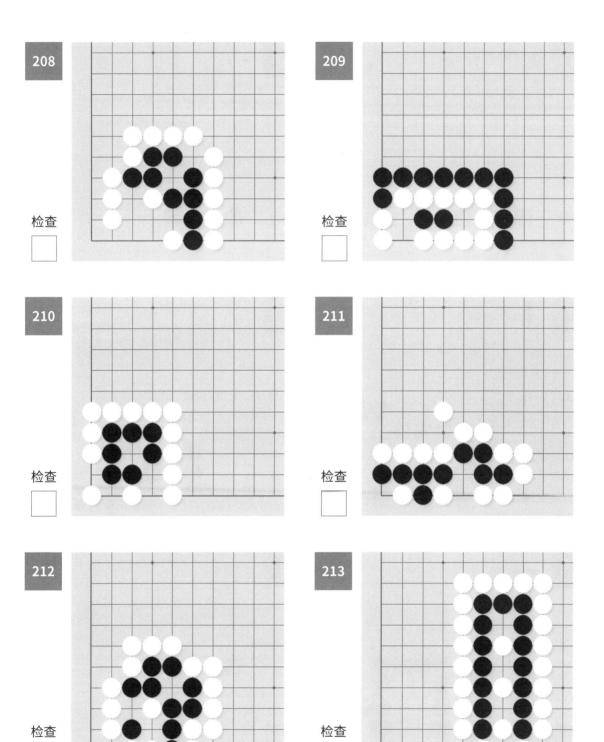

208

检查 ☐

209

检查 ☐

210

检查 ☐

211

检查 ☐

212

检查 ☐

213

检查 ☐

第7章
接不归

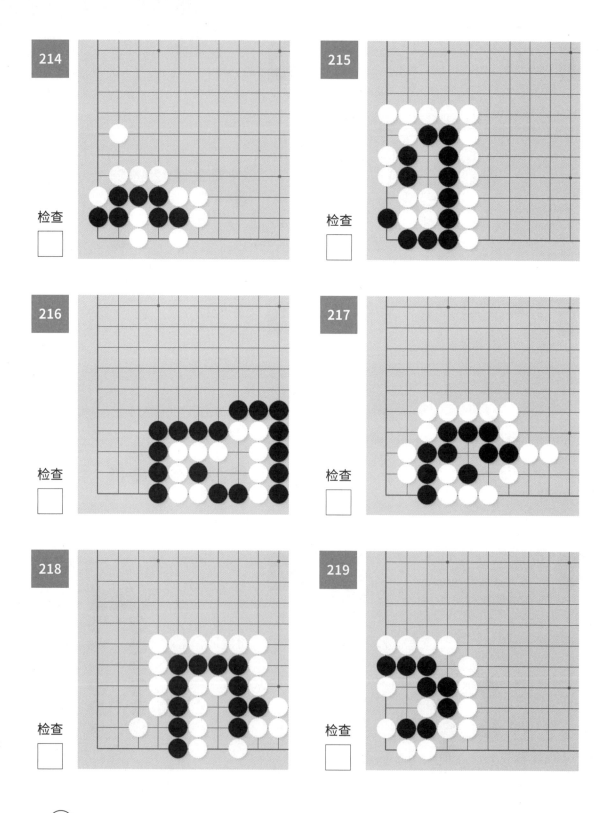

214 检查

215 检查

216 检查

217 检查

218 检查

219 检查

220
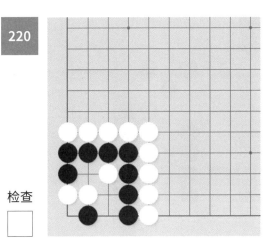
检查

221
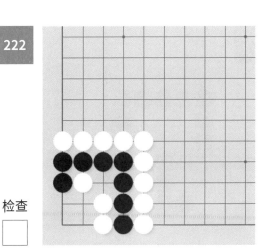
检查

222

223
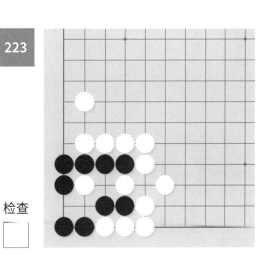
检查

检查

224
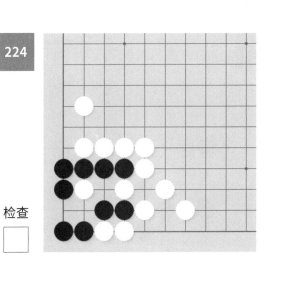
检查

225
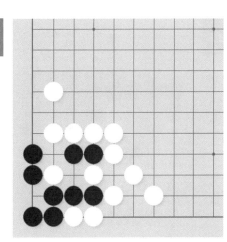
检查

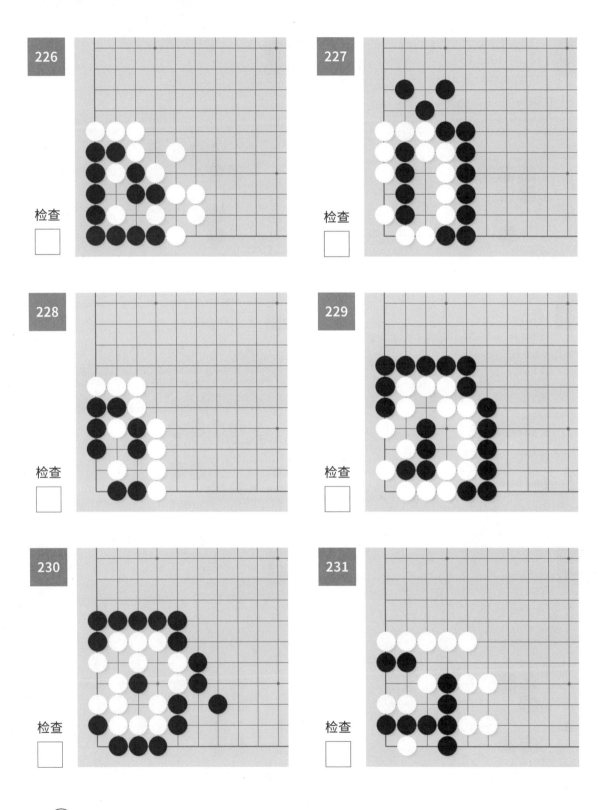

226

检查

227

检查

228

检查

229

检查

230

检查

231

检查

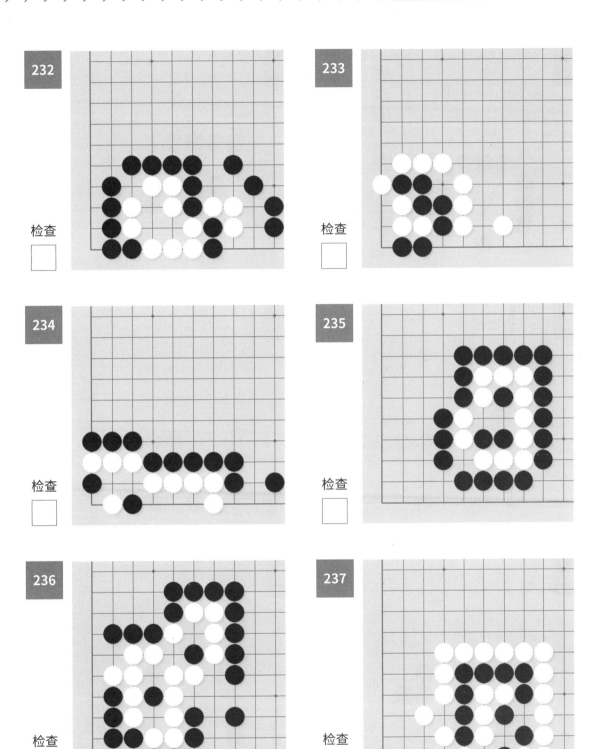

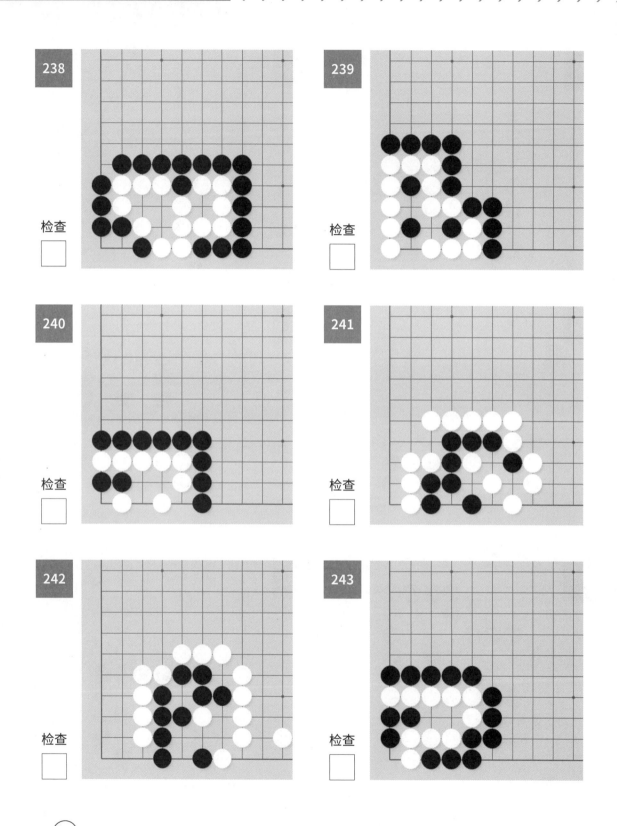

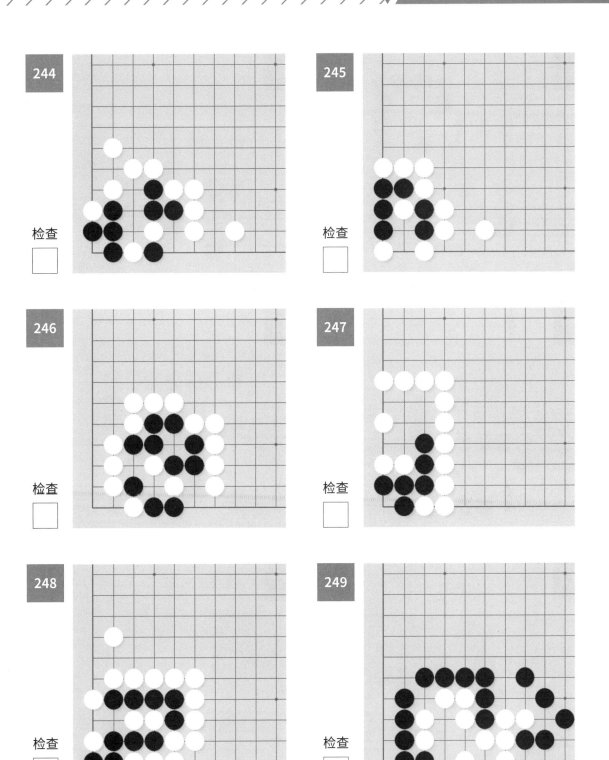

250

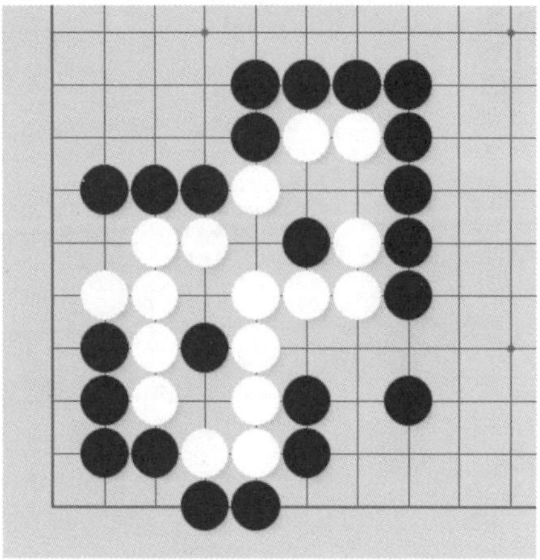

检查

251

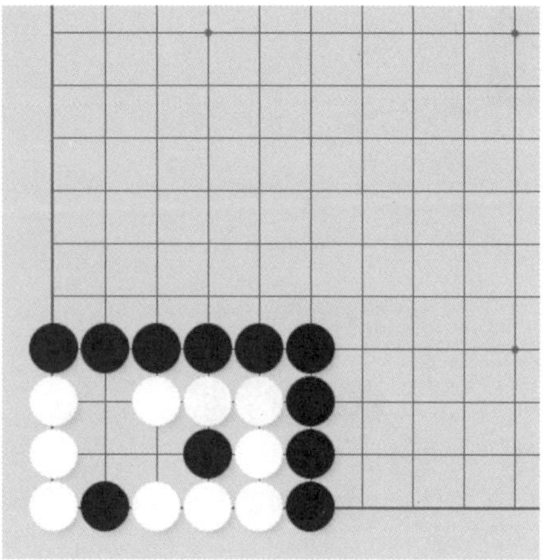

检查

252

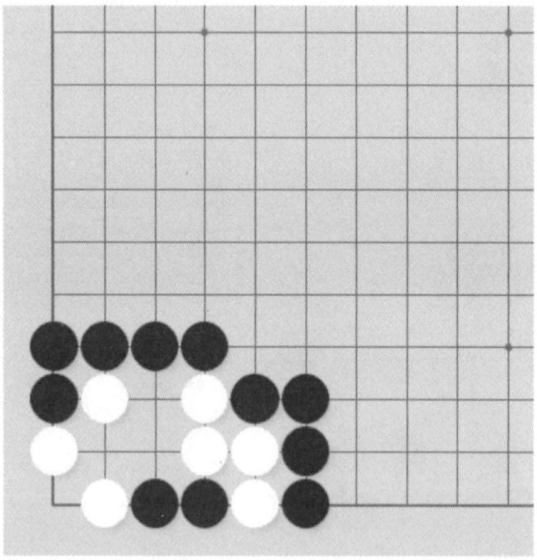

检查

253

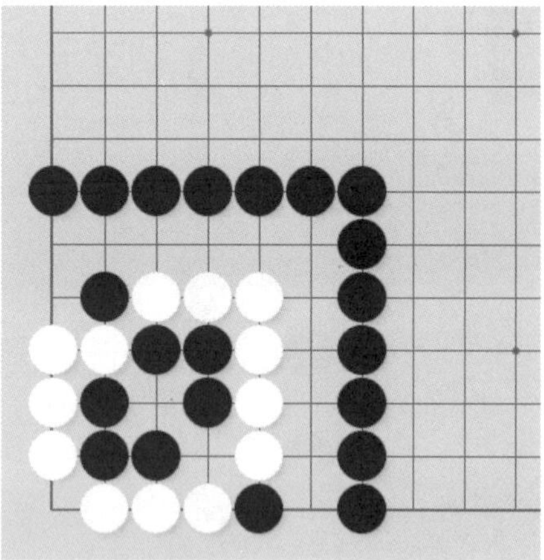

检查

254

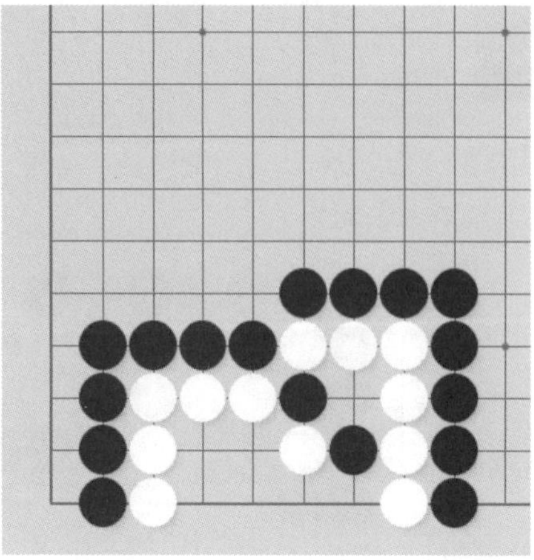

检查

255

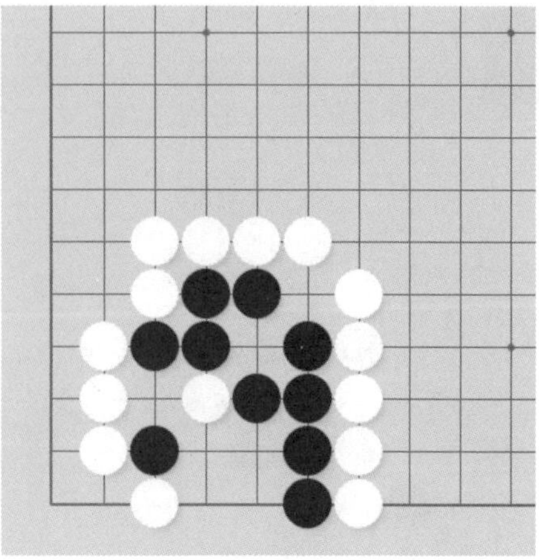

检查

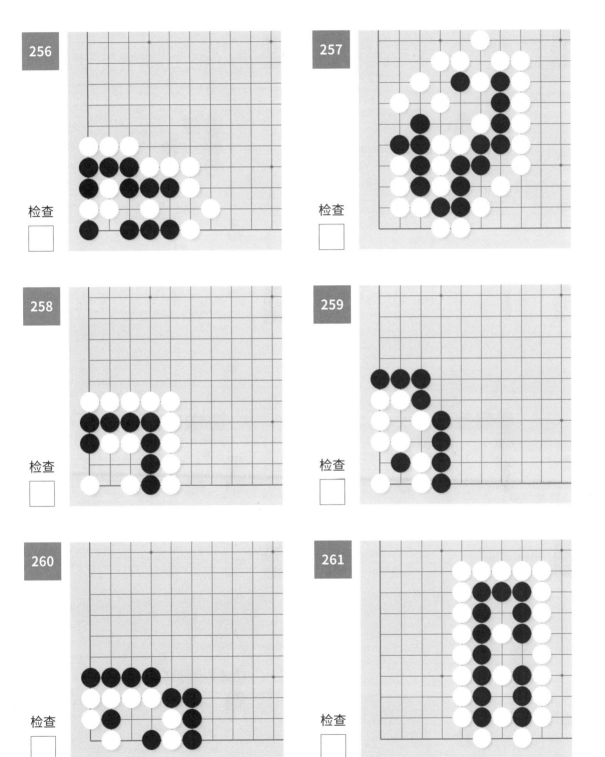

256

检查

257

检查

258

检查

259

检查

260

检查

261

检查

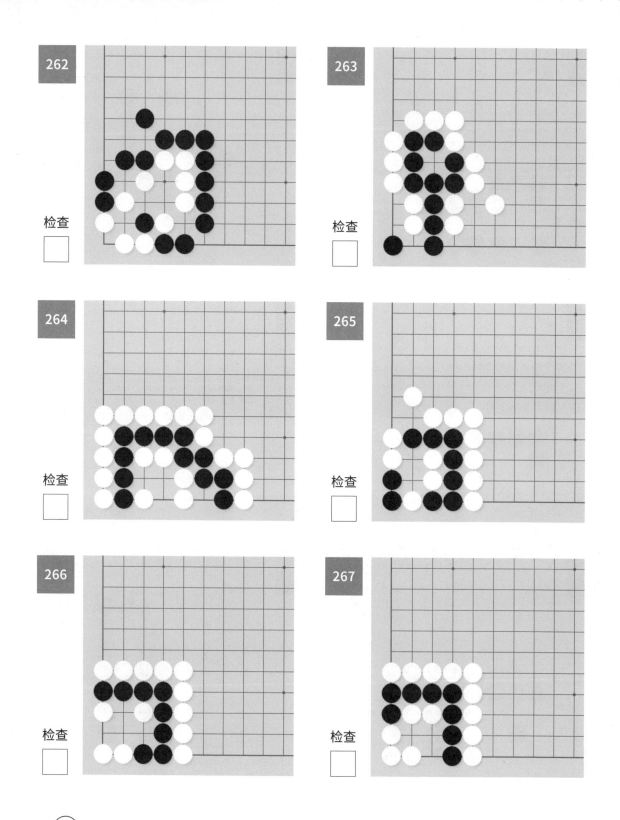

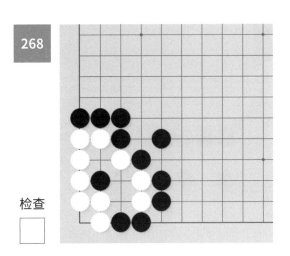

268

检查

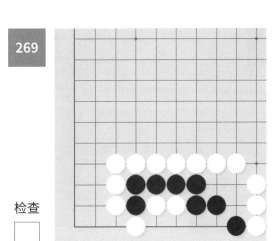

269

检查

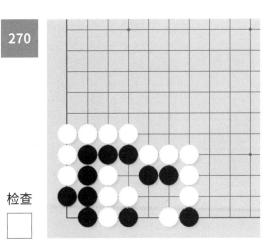

270

检查

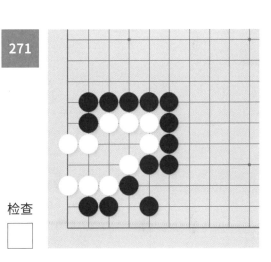

271

检查

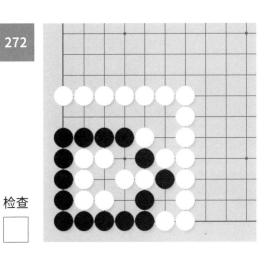

272

检查

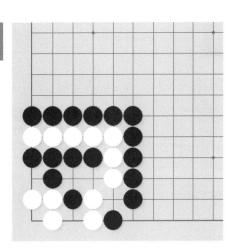

273

检查

274

检查

275

检查

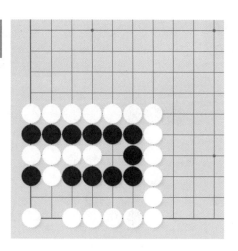

276

检查

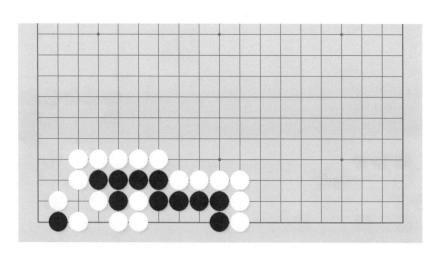

277

检查

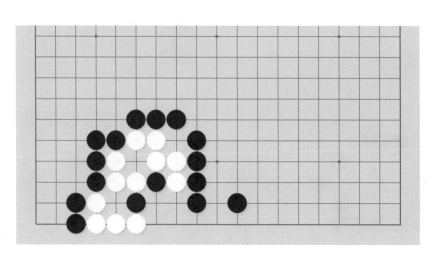

278

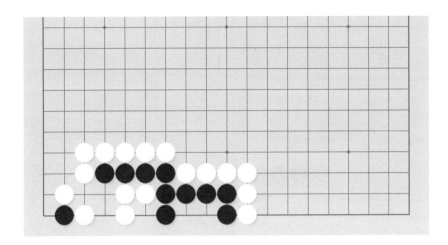

检查

279

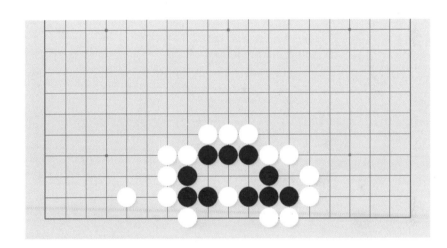

检查

280

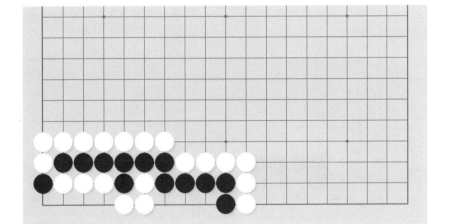

检查

281

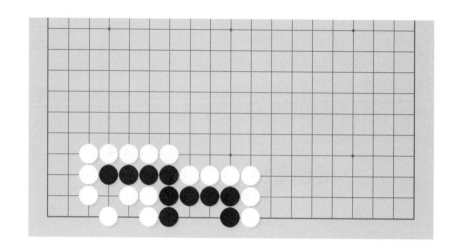

检查

282

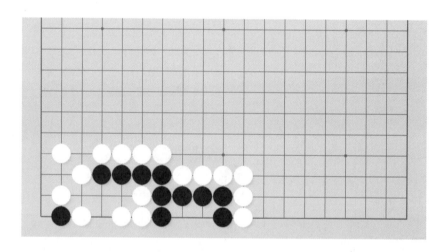

检查

283

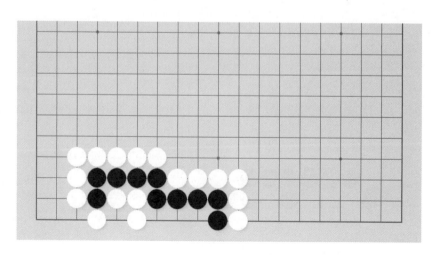

检查

284

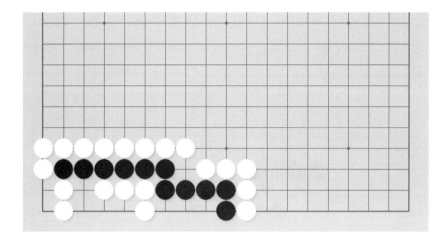

检查

285

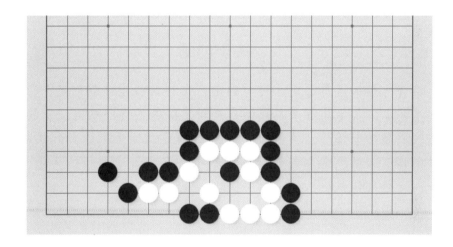

检查

286

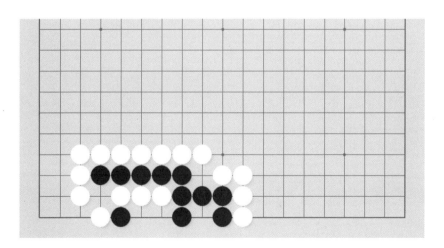

检查

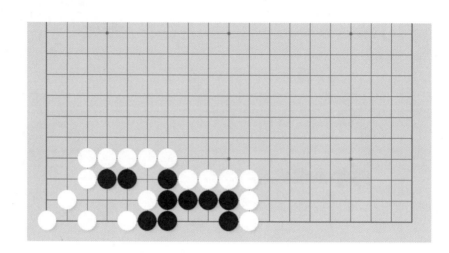

287

检查

关于创题

　　总有人想知道自己是否可以创题，怎样的程度才能创题？

　　事实上，只要具备基本死活题知识，知道不可以双解、多解、无解，就达到创题的标准了。再来就看是否对题目创作有热情，如果棋友们对题目创作有兴趣，甚至在创作的过程中会产生源源不断的灵感，那就赶紧去创一题来试试吧！

——陈禧

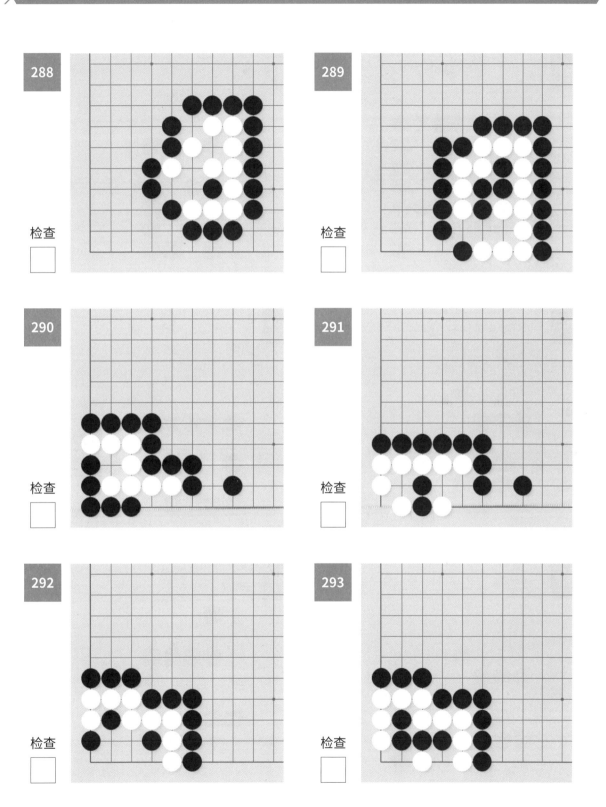

288　检查

289　检查

290　检查

291　检查

292　检查

293　检查

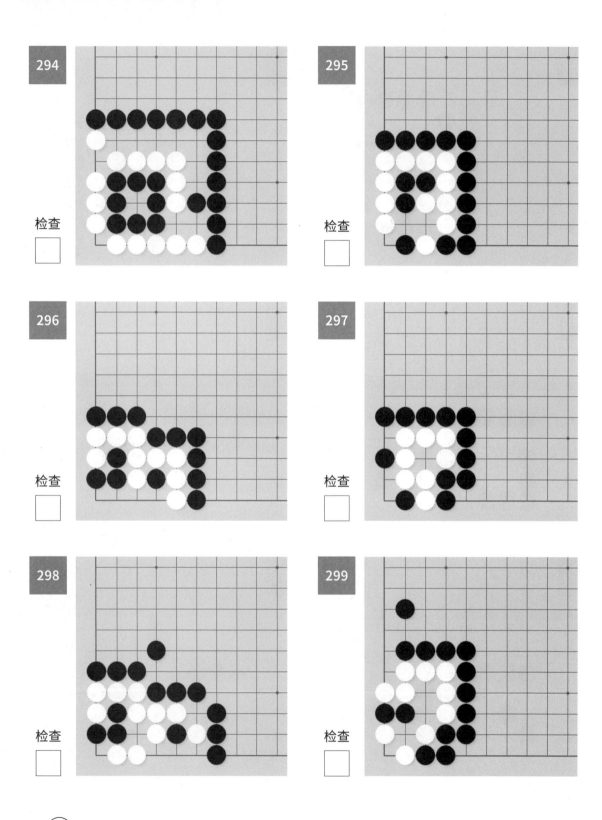

300

检查

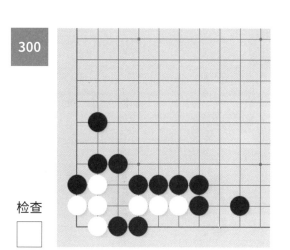

301

检查

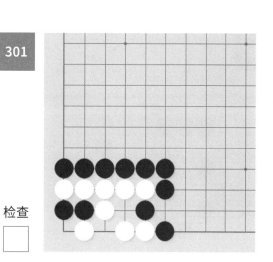

302

检查

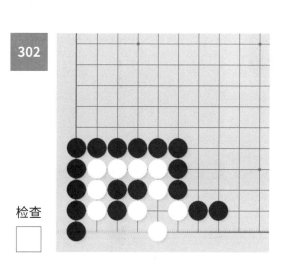

303

检查

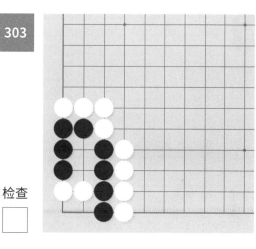

304

检查

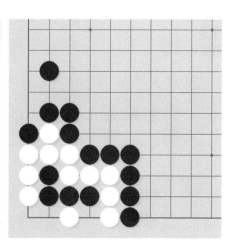

305

检查

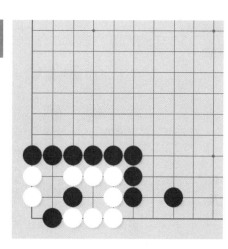

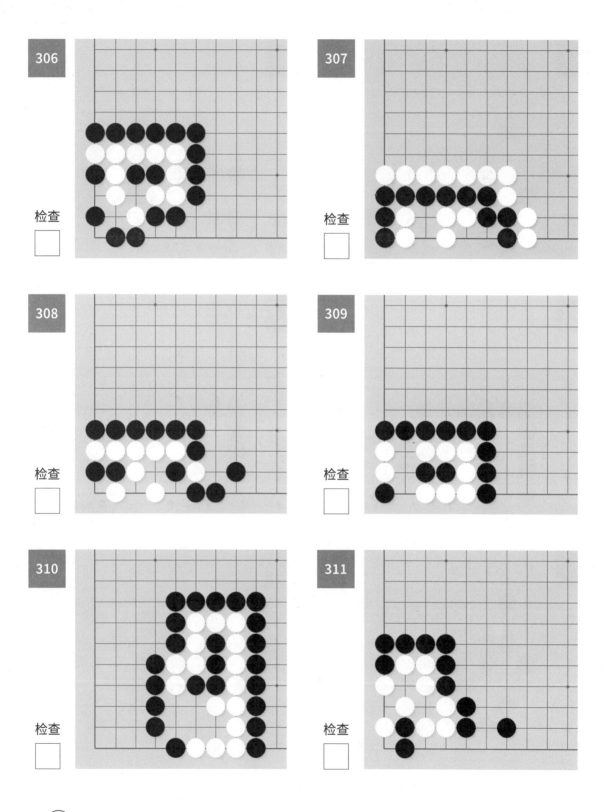

312

检查 □

313
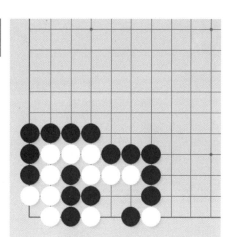
检查 □

314
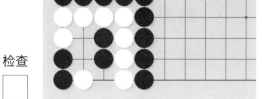

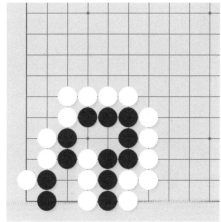
检查 □

315
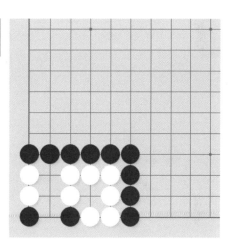
检查 □

316

检查 □

317
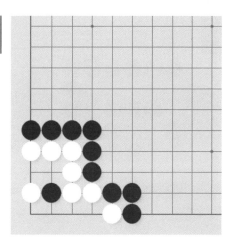
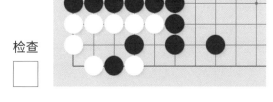
检查 □

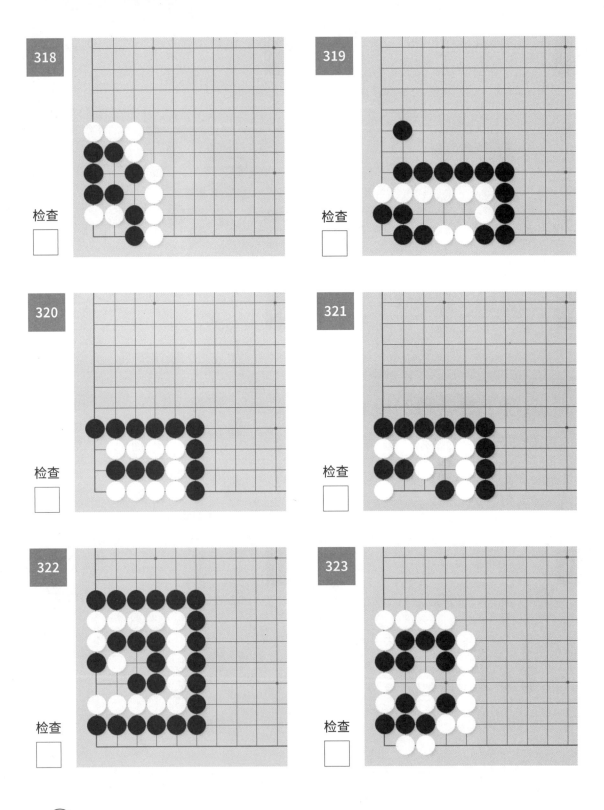

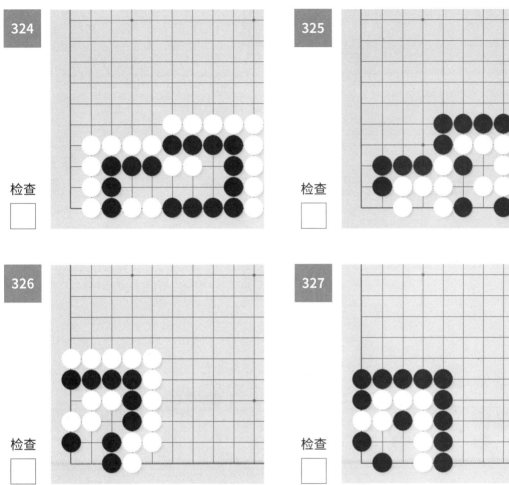

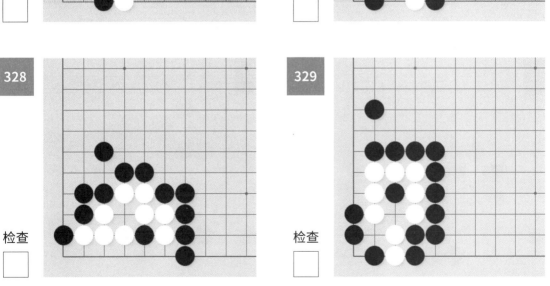

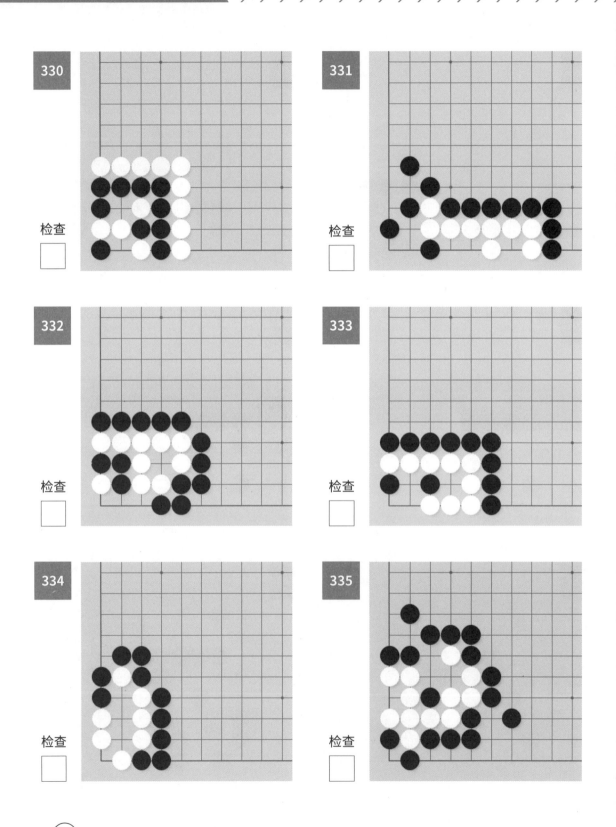

336

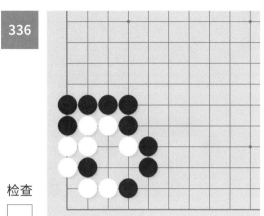

检查

337

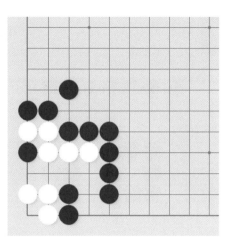

检查

338

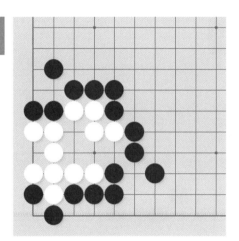

检查

339

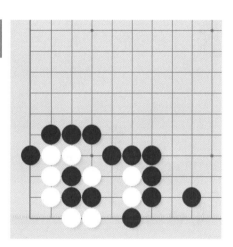

检查

340

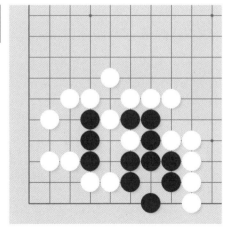

检查

341

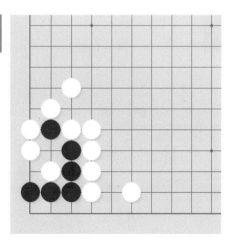

检查

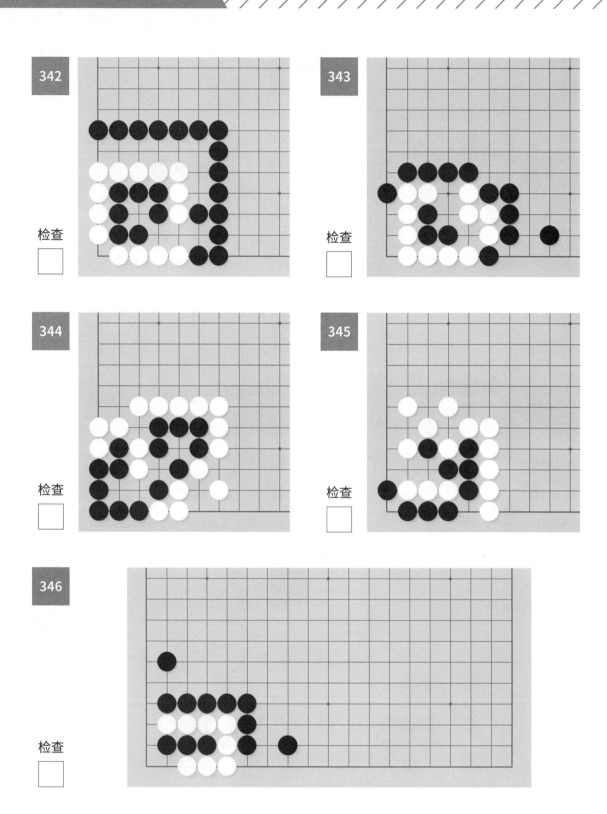

342

检查

343

检查

344

检查

345

检查

346

检查

347

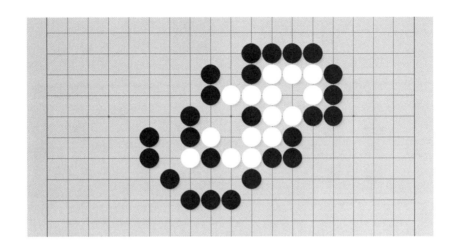

检查

如何创出一道题

关于如何创出一道题，我建议棋友们可以从实战棋形去找寻灵感，或是抓一把棋子放到棋盘上，摆出死活未知的棋形。此步骤完成后，算出答案，确定是唯一解，再看答案是否满意，最终调至自己满意为止。

——陈禧

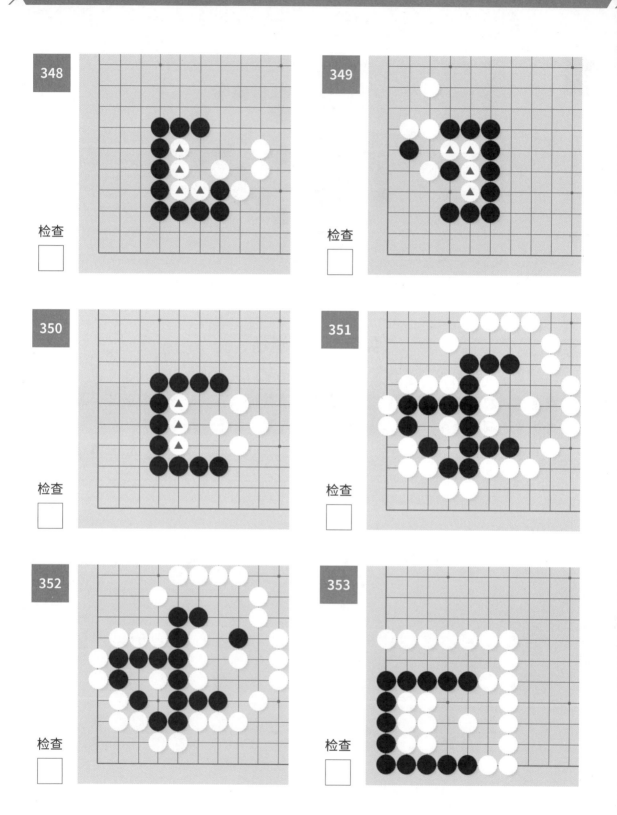

354

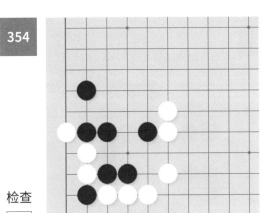

检查

355

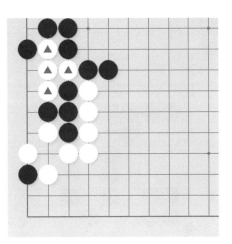

检查

356

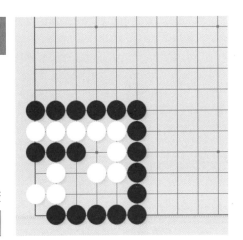

检查

357

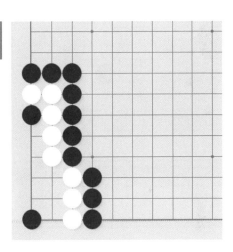

检查

358

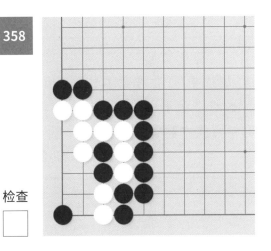

检查

359

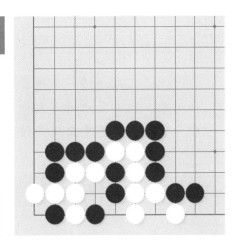

检查

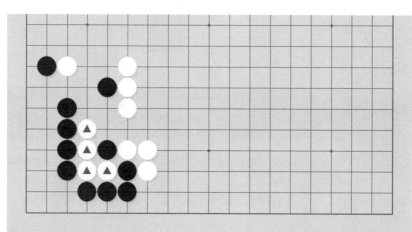

360 检查 ☐

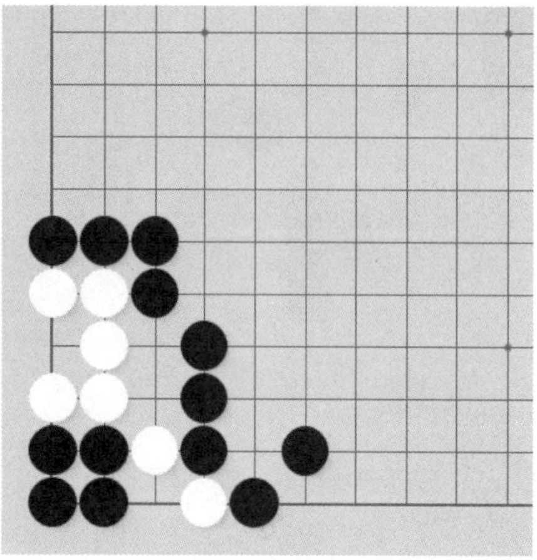

361 检查 ☐

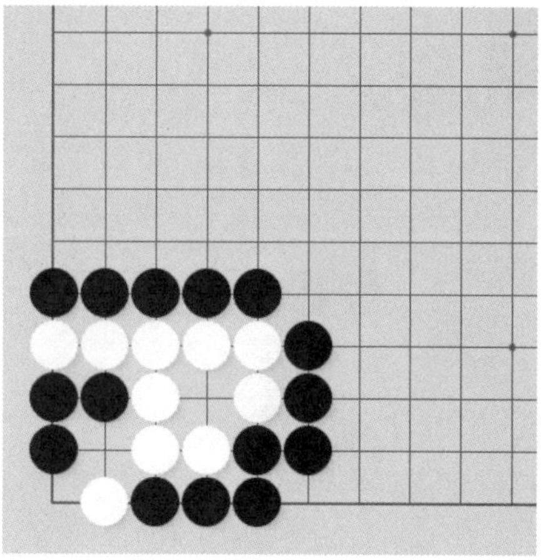

362 检查 ☐

征子

让我们来介绍一个很常见的围棋术语："征子"。征子是不断地"扭"住对手，通常是通过不断叫吃而达成的，也叫"扭羊头"。此种手段非常厉害，虽然不常出现在诘棋中，但在围棋实战中非常重要。

——卫泓泰

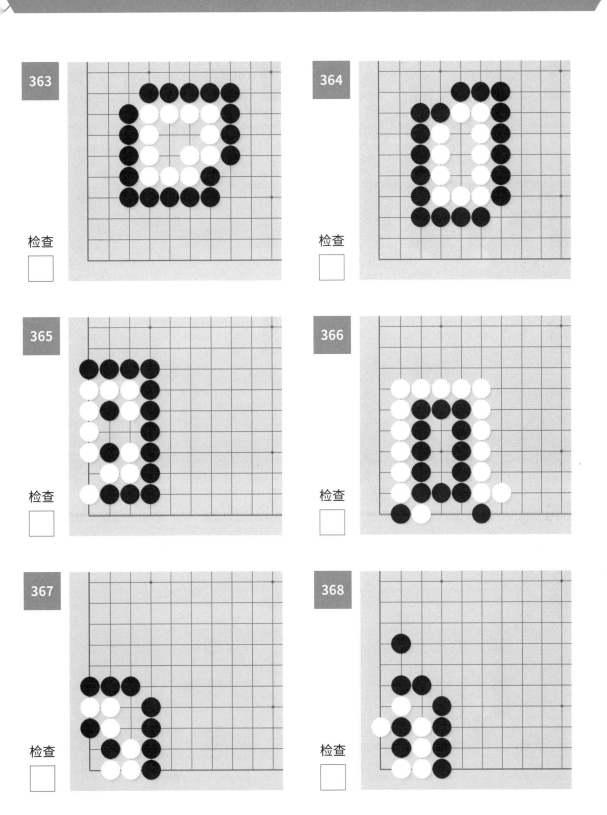

363

检查

364

检查

365

检查

366

检查

367

检查

368

检查

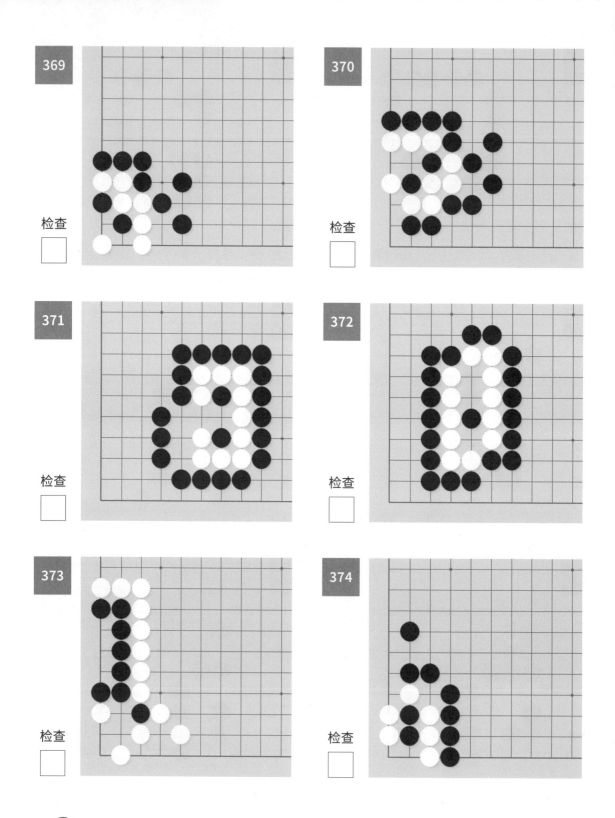

375

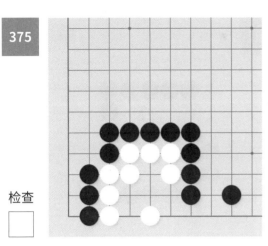

检查

376

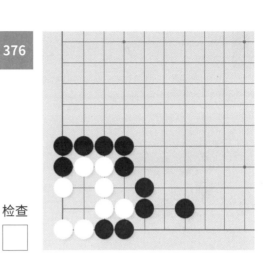

检查

377

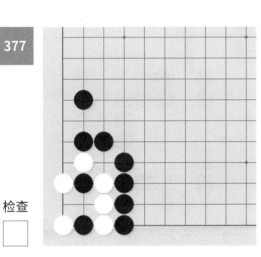

检查

378

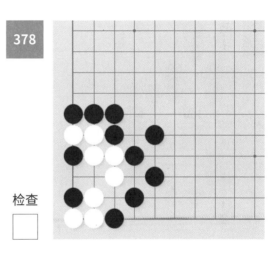

检查

379

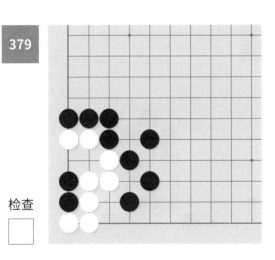

检查

380

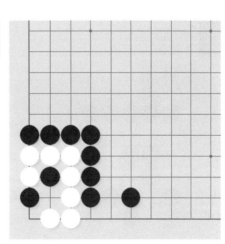

检查

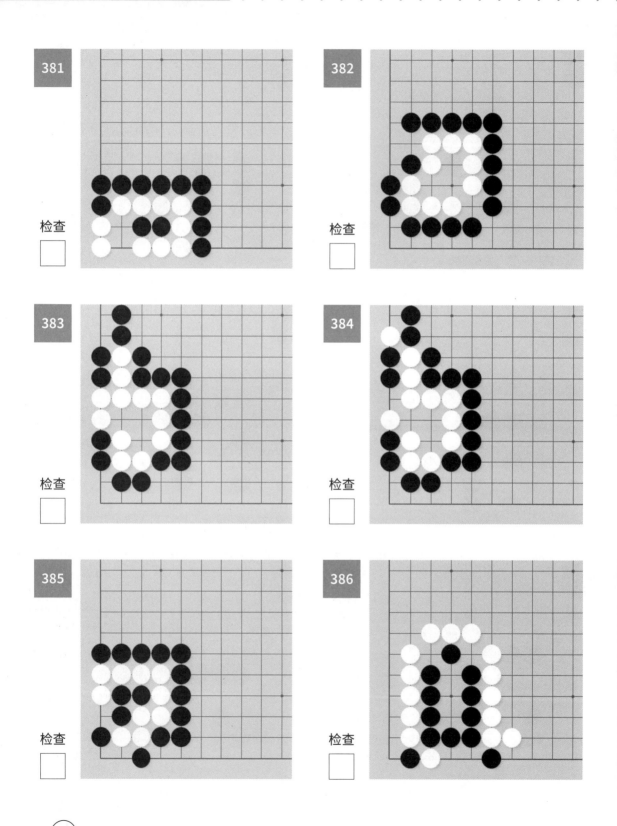

381 检查

382 检查

383 检查

384 检查

385 检查

386 检查

387

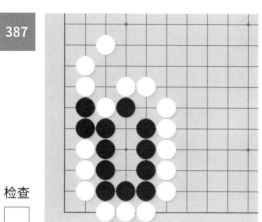

检查

388

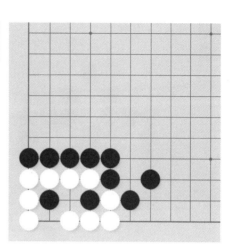

检查

389

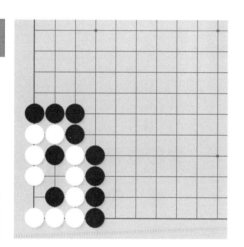

检查

390

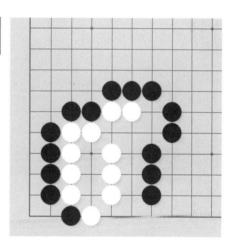

检查

391

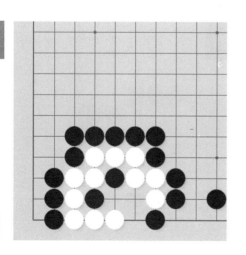

检查

392

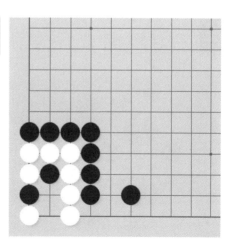

检查

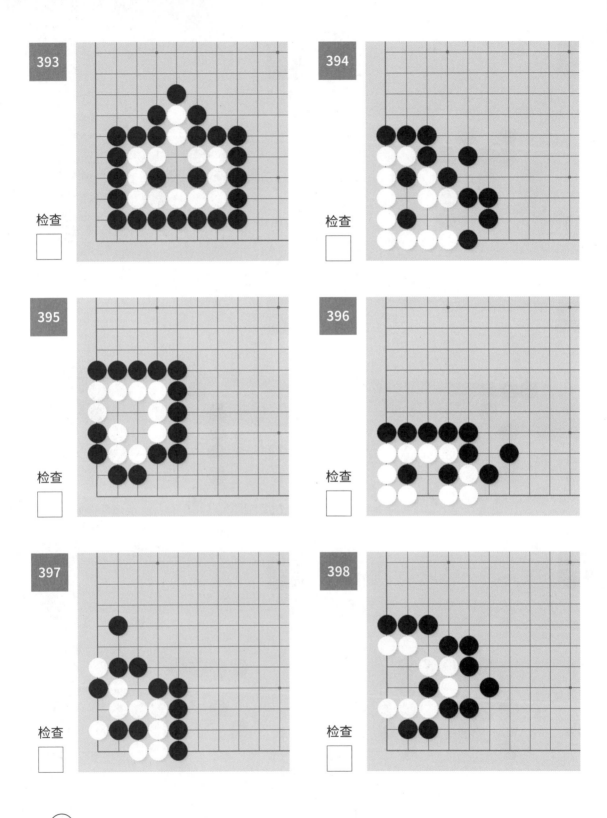

393 检查

394 检查

395 检查

396 检查

397 检查

398 检查

399

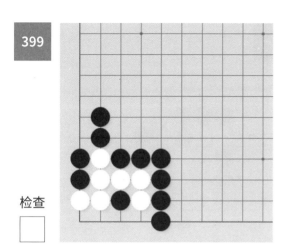

检查

400

401

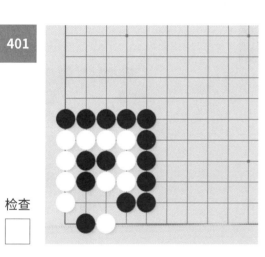

检查

402

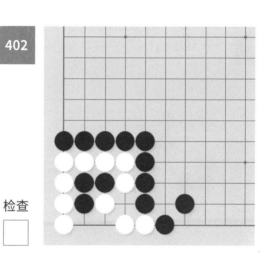

检查

403

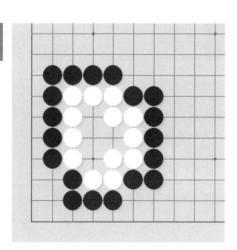

检查

404

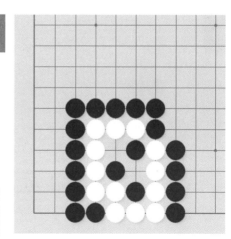

检查

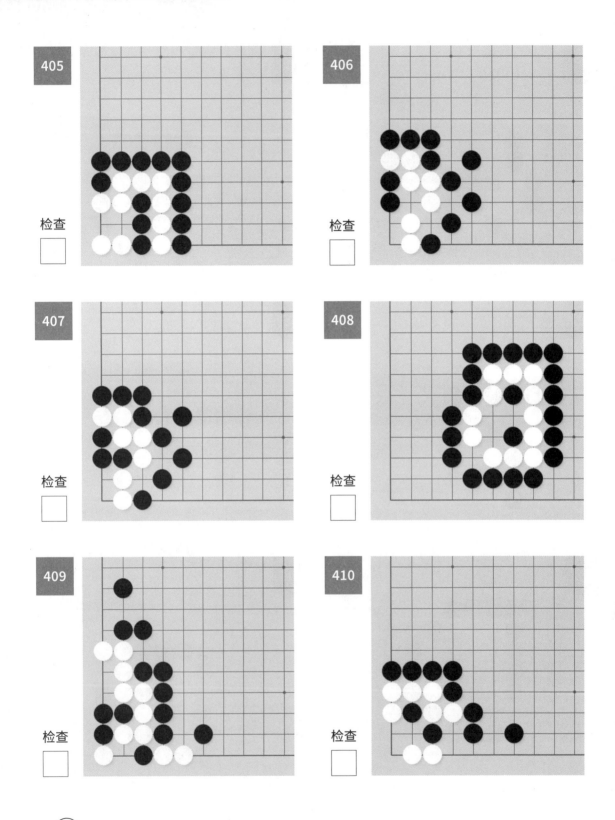

411

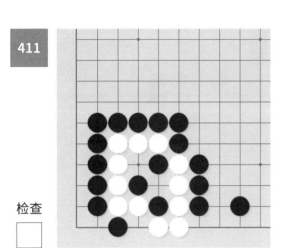

检查

412

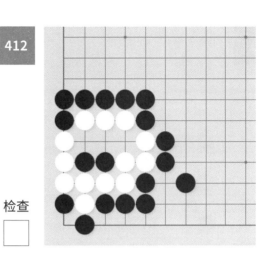

检查

413

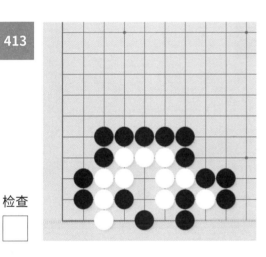

检查

414

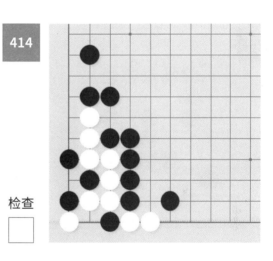

检查

415

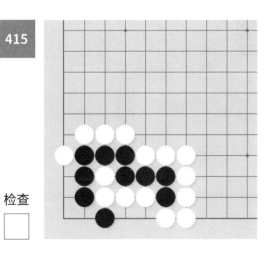

检查

416

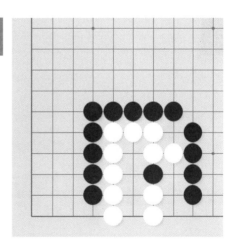

检查

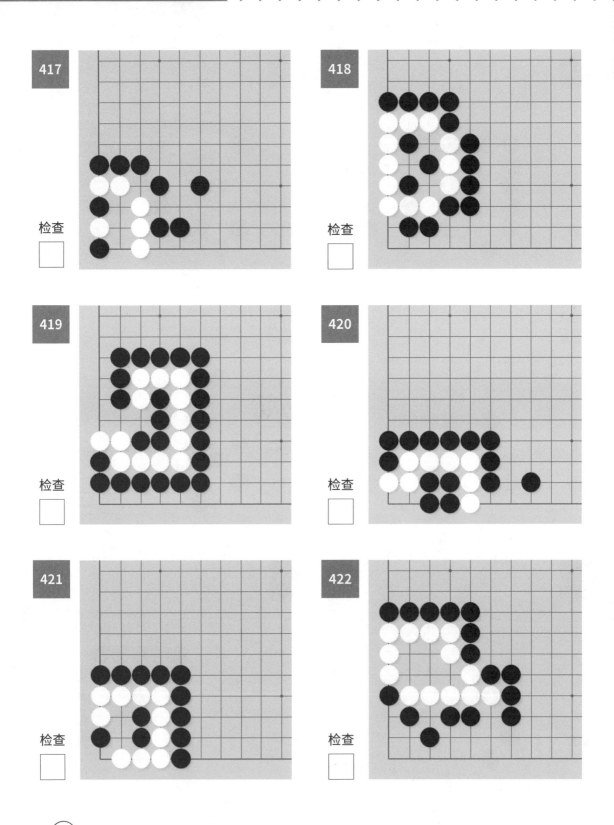

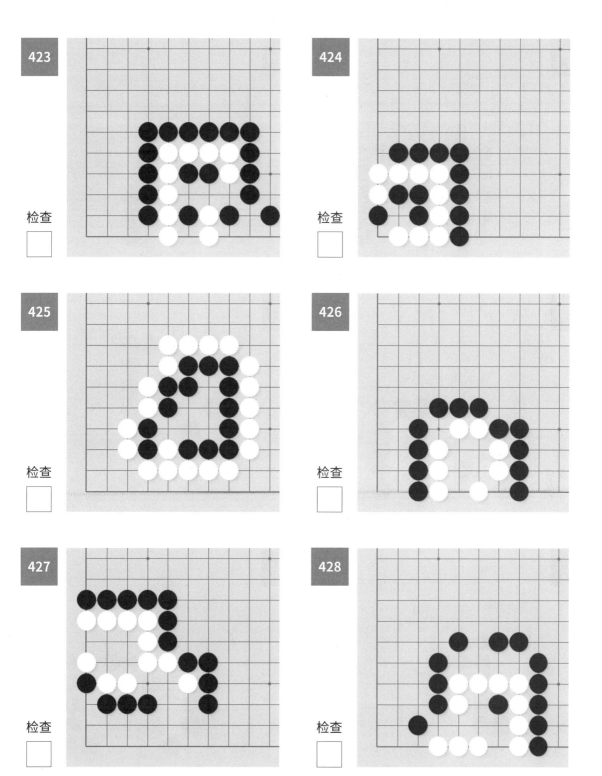

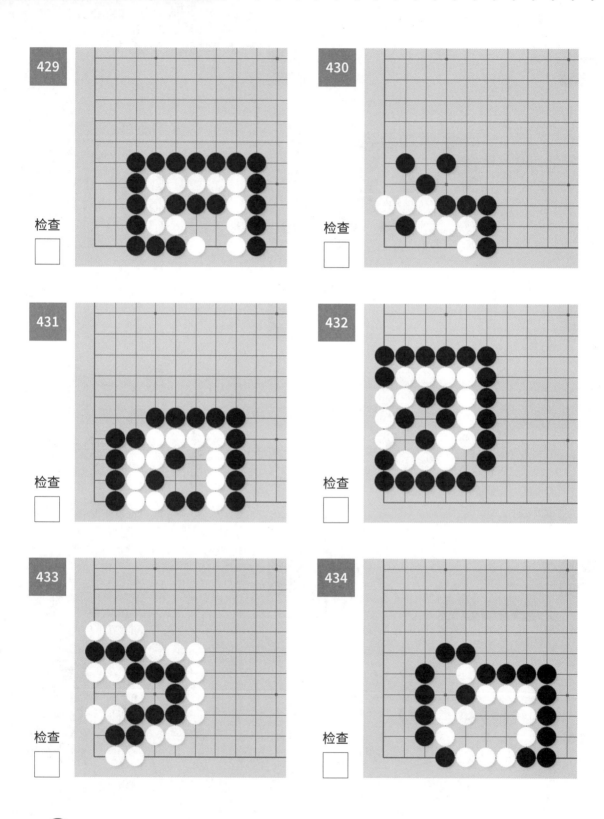

435

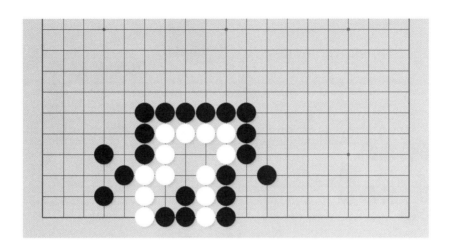

检查

脱先的奥妙

　　"脱先"是围棋术语，指的是暂不理会对方着法而改下他处。

　　若我们能在适当的时机脱先，相当于在他处抢占了一步大棋，增加赢棋的机会。于死活上，判断死活型是特别重要的，倘若对方已是死型，我们可以直接脱先，让对手"后手死"，我们就可以直奔胜利。

——檀啸

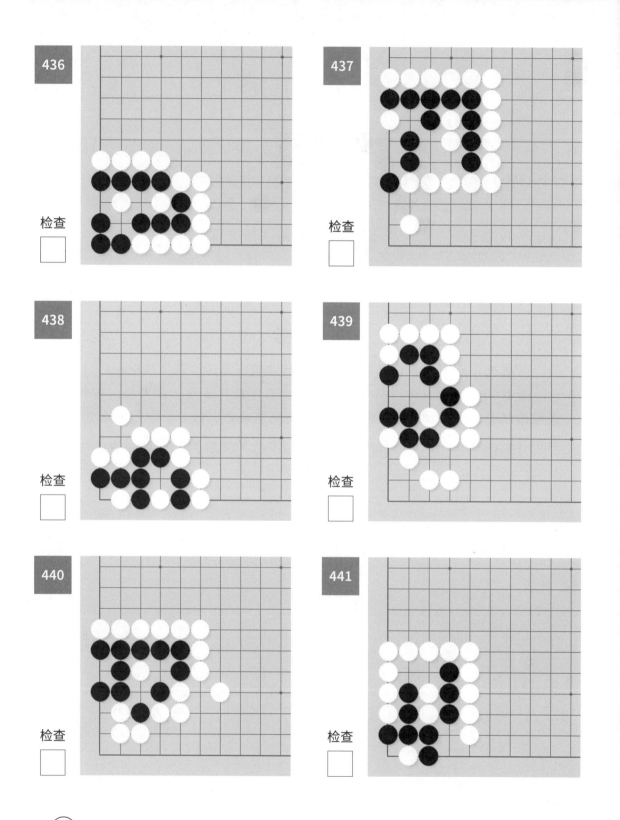

442

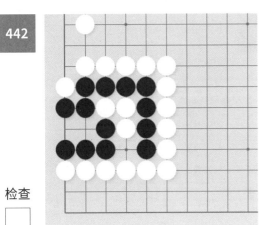

检查

443

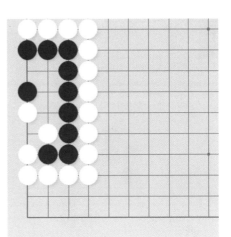

检查

444

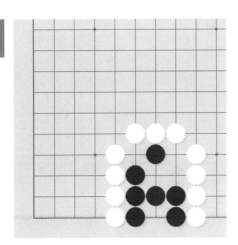

检查

445

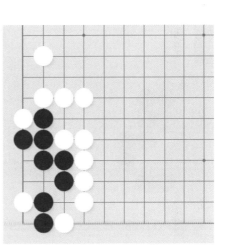

检查

446

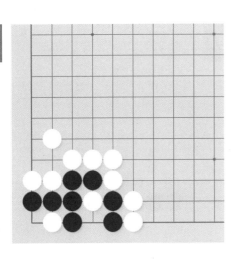

检查

447

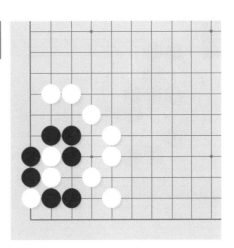

检查

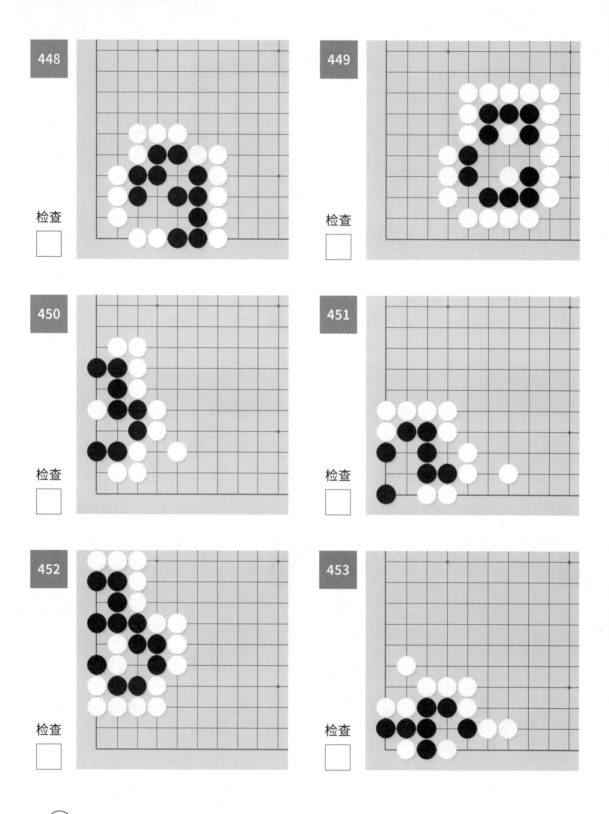

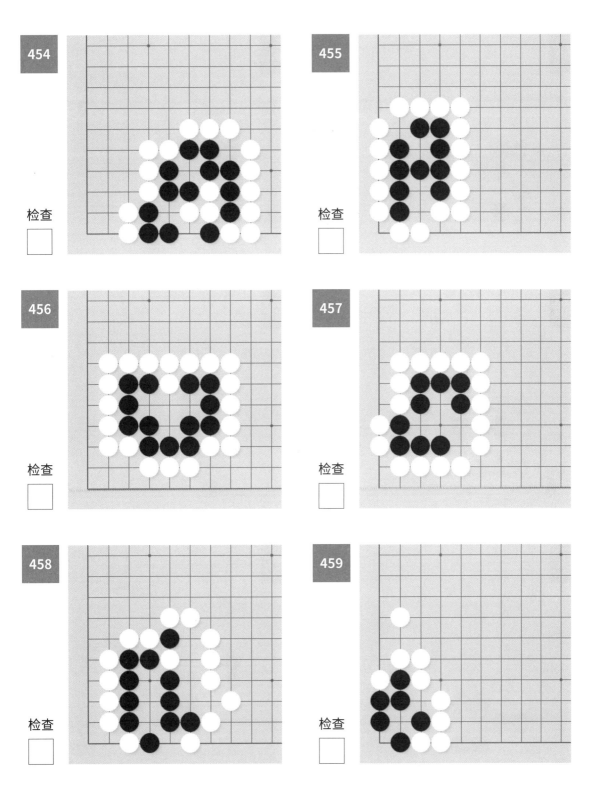

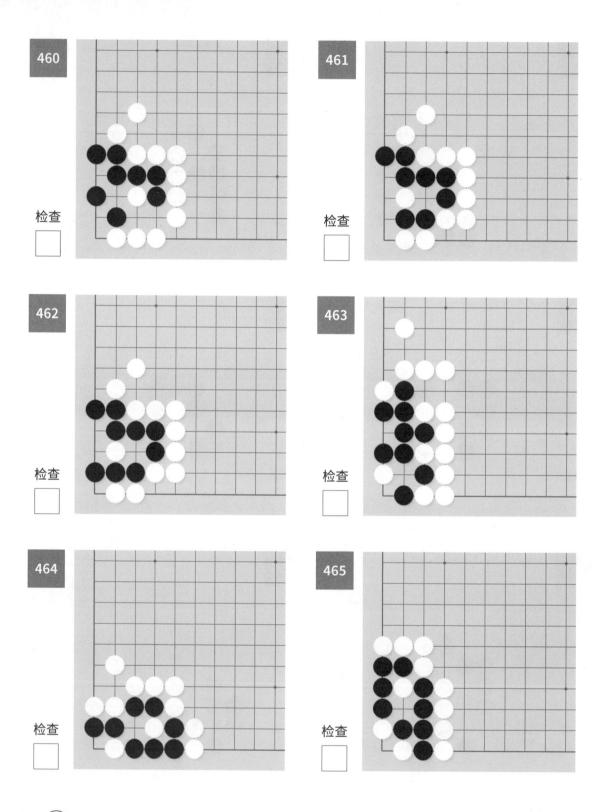

466

检查

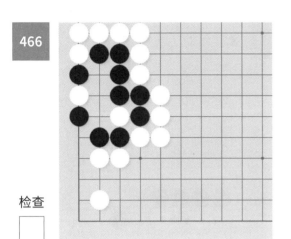

467

检查

468

检查

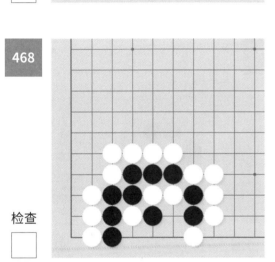

469

检查

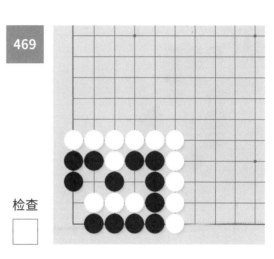

470

检查

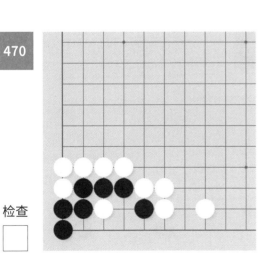

471

检查

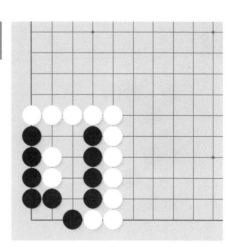

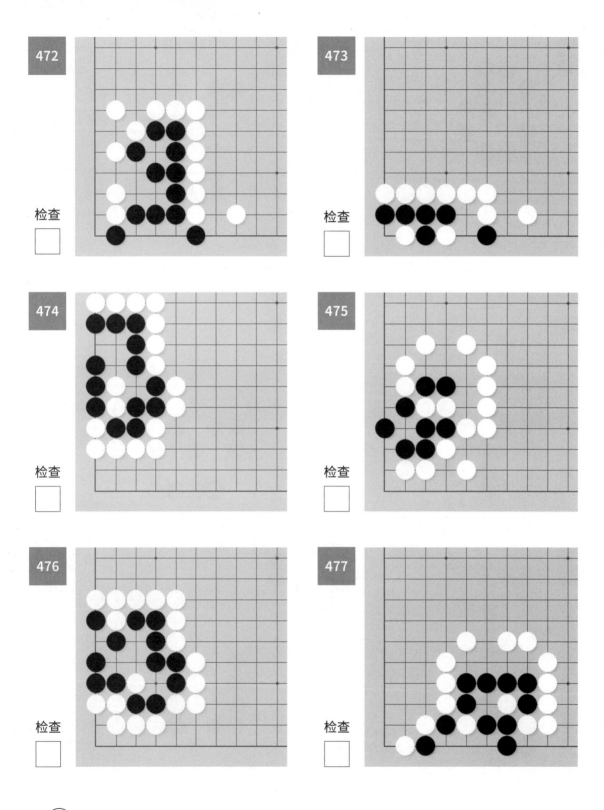

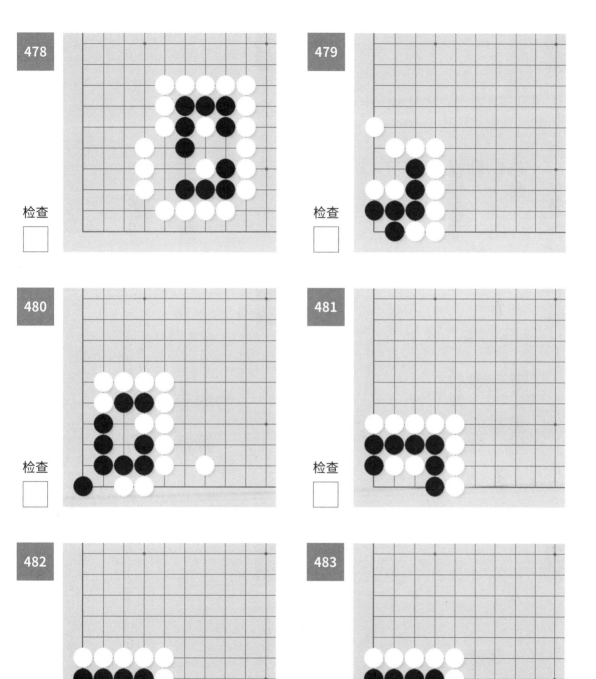

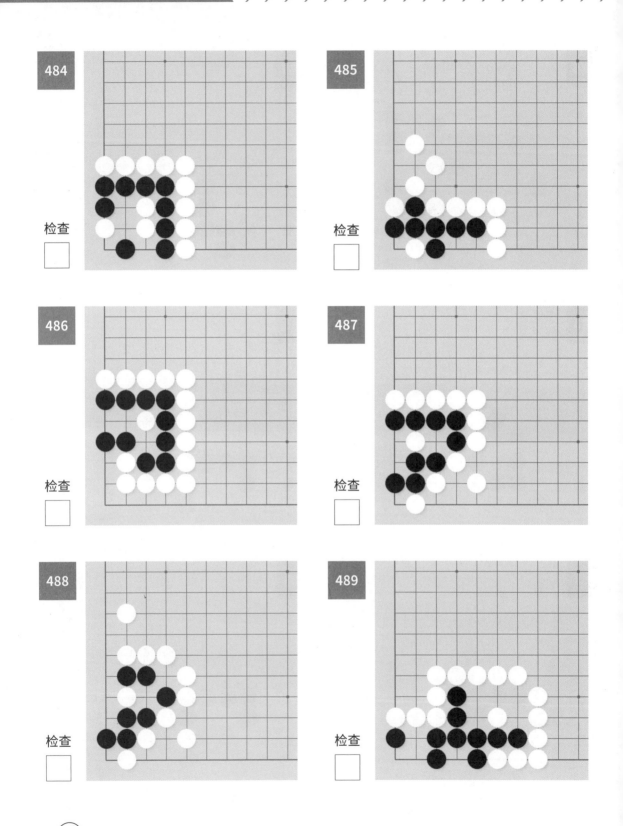

490

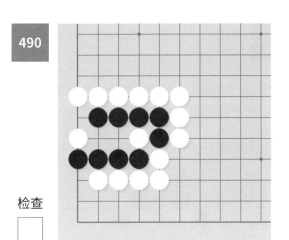

检查

491

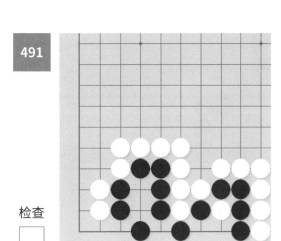

检查

492

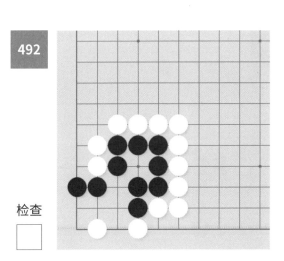

检查

493

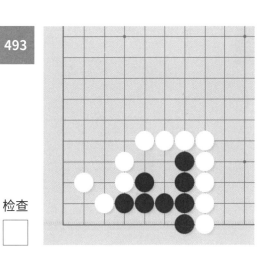

检查

494

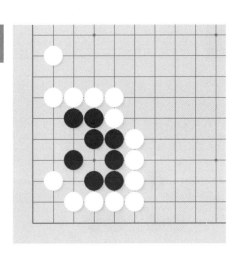

检查

495

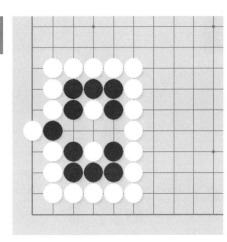

检查

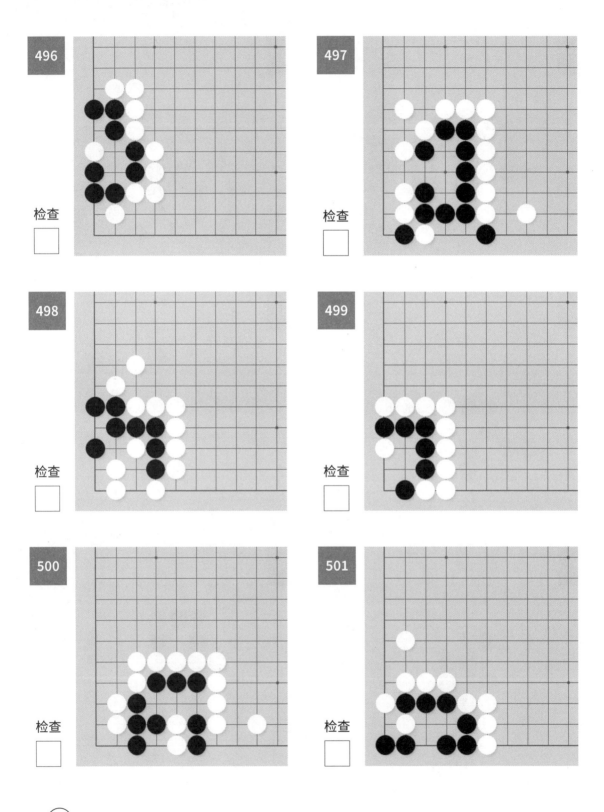

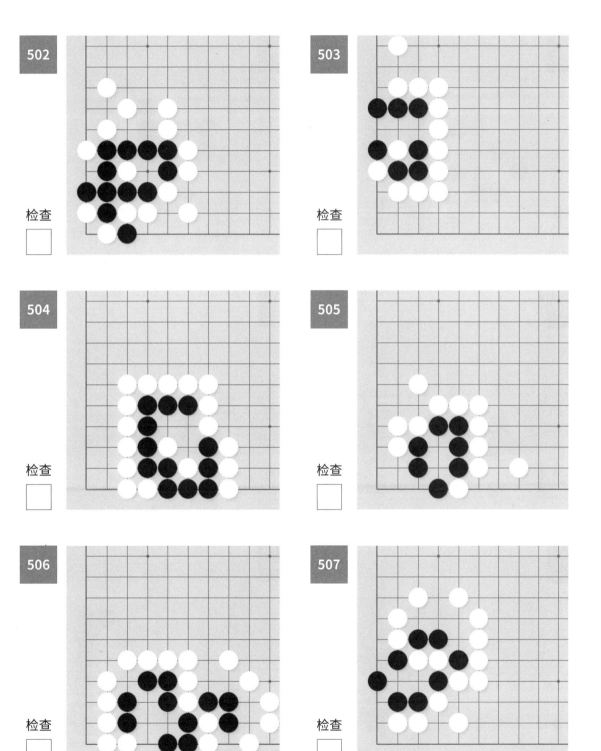

502　检查

503　检查

504　检查

505　检查

506　检查

507　检查

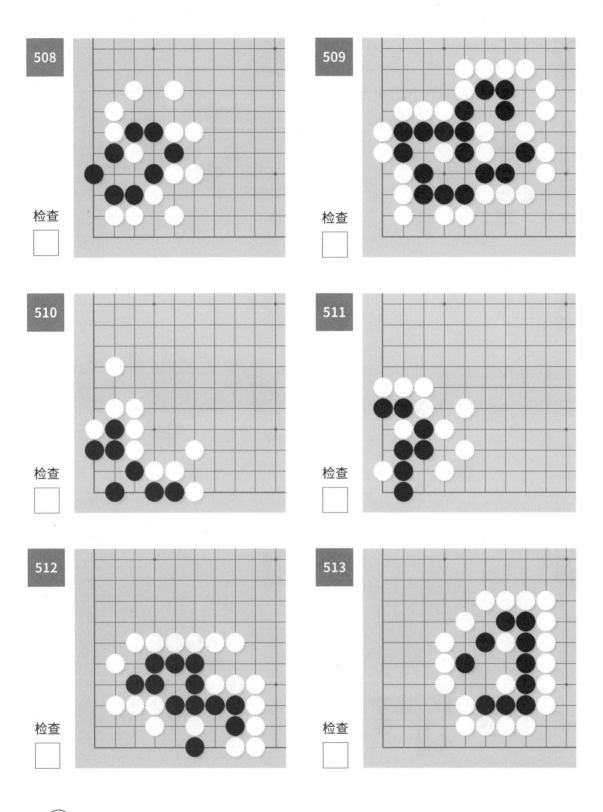

514
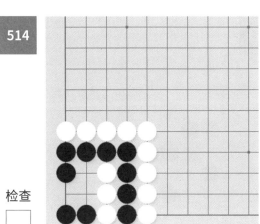

检查 □

515
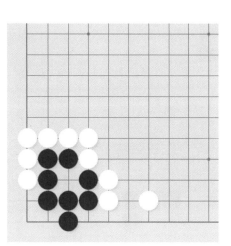

检查 □

516
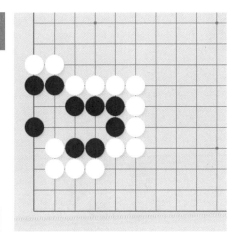

检查 □

517
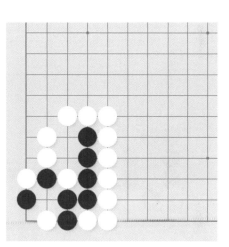

检查 □

518
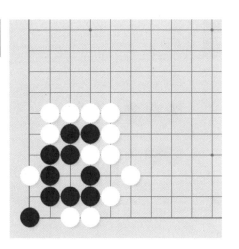

检查 □

519
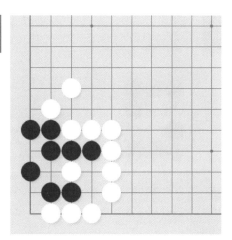

检查 □

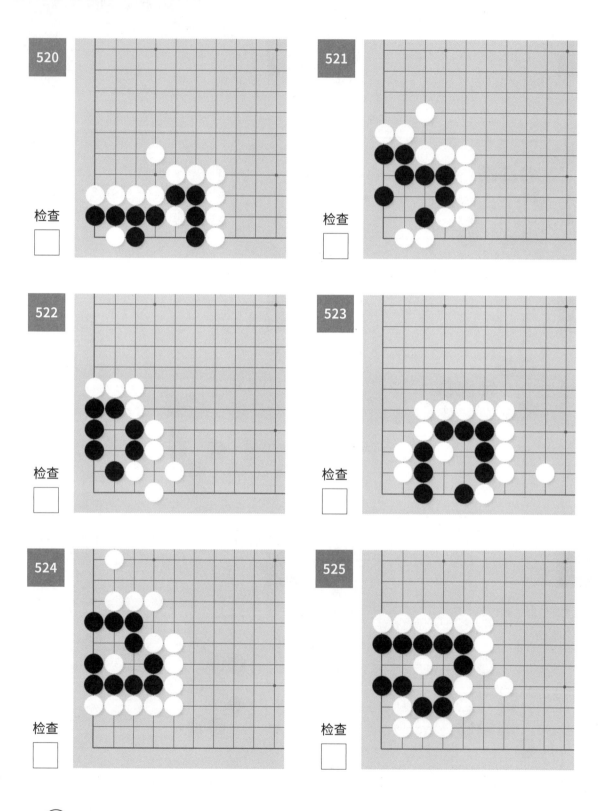

520

检查

521

检查

522

检查

523

检查

524

检查

525

检查

526

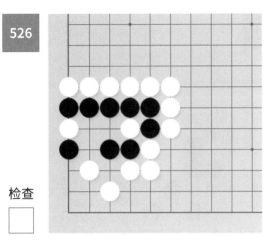

检查

527

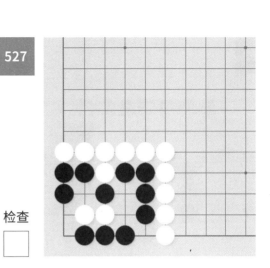

检查

528

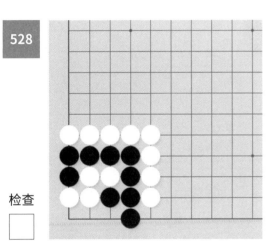

检查

529

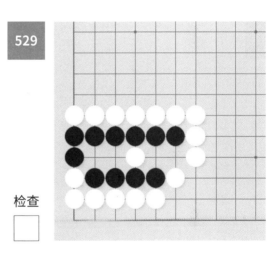

检查

530

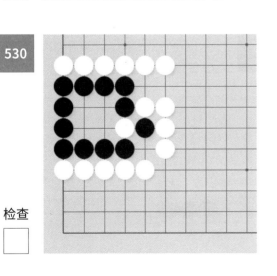

检查

531

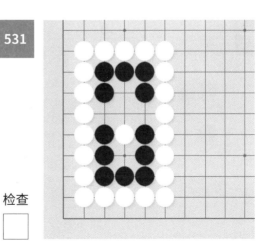

检查

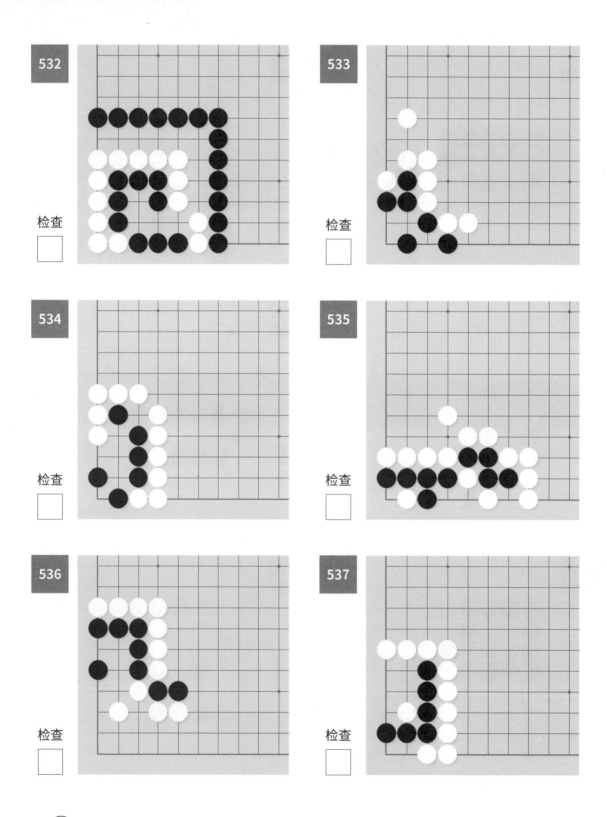

538

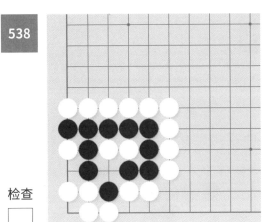

检查

539

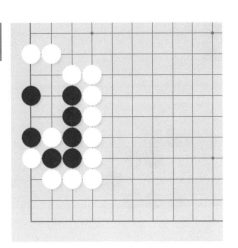

检查

540

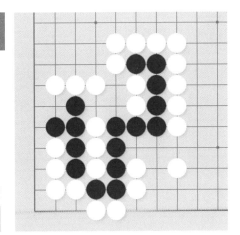

检查

541

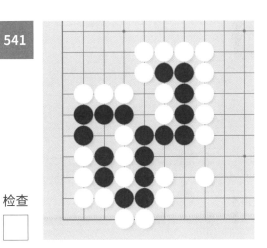

检查

542

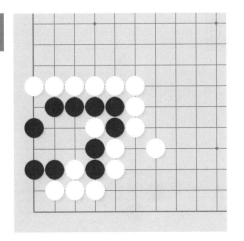

检查

543

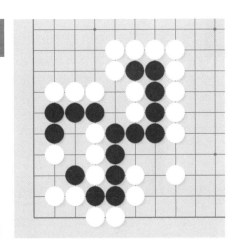

检查

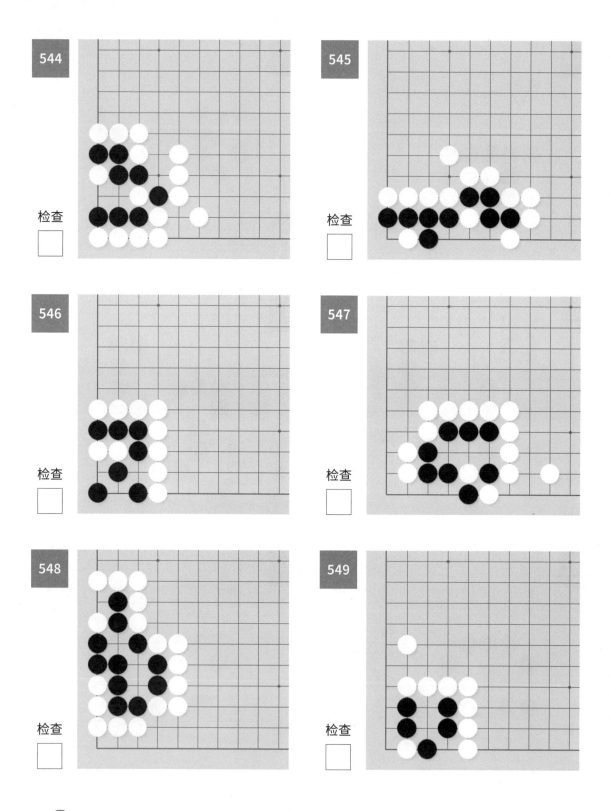

544 检查

545 检查

546 检查

547 检查

548 检查

549 检查

550

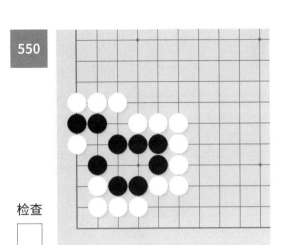

检查

551

检查

552

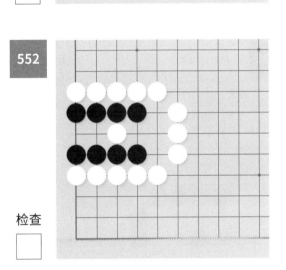

检查

553

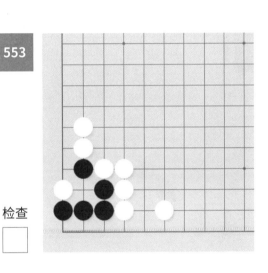

检查

554

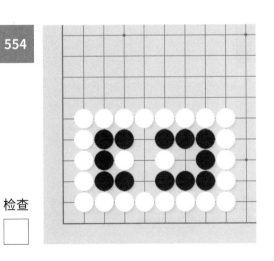

检查

555

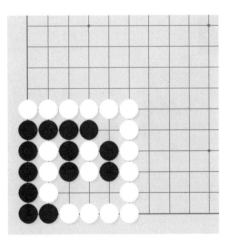

检查

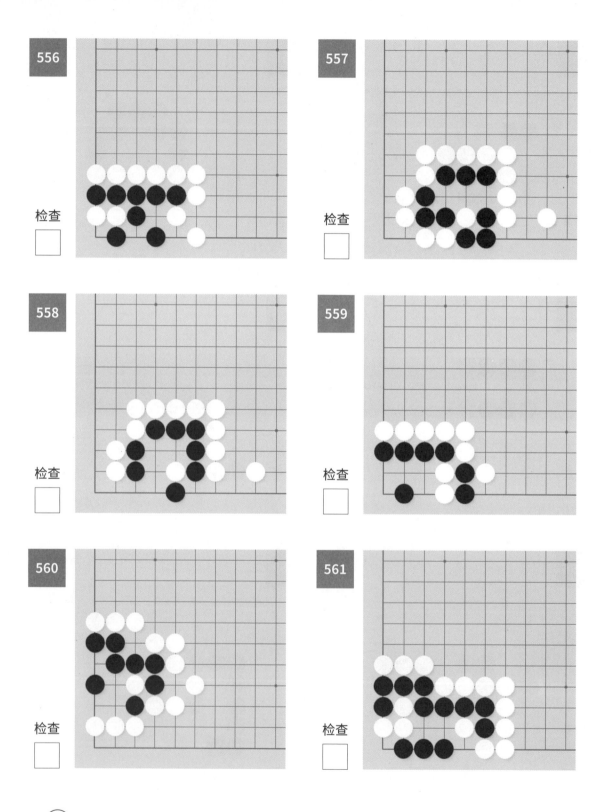

562
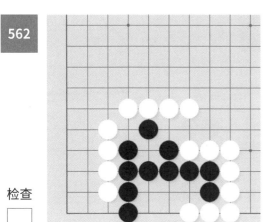

检查

563
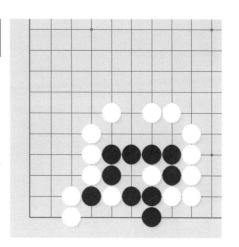

检查

564
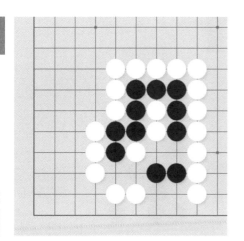

检查

565
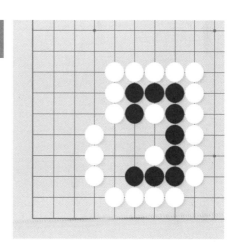

检查

566
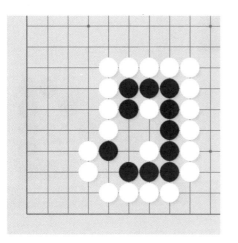

检查

567
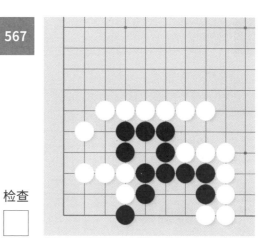

检查

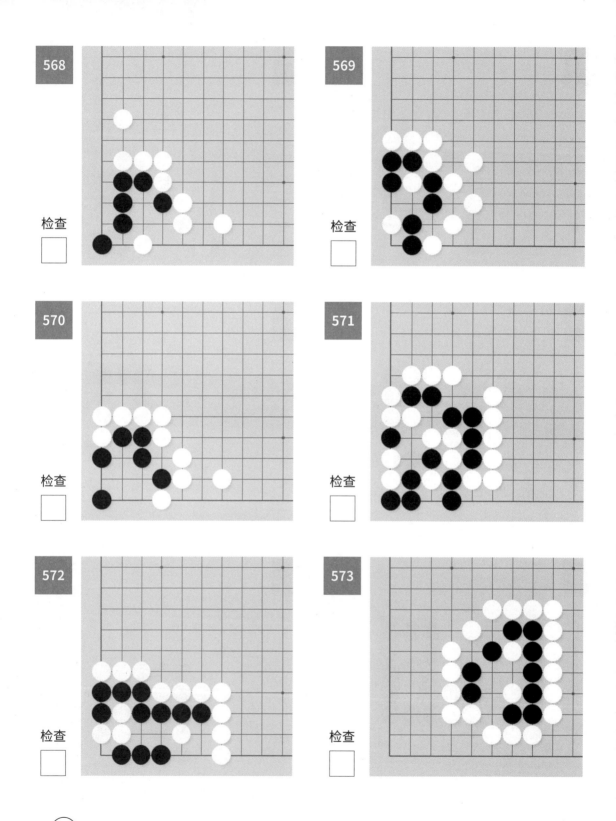

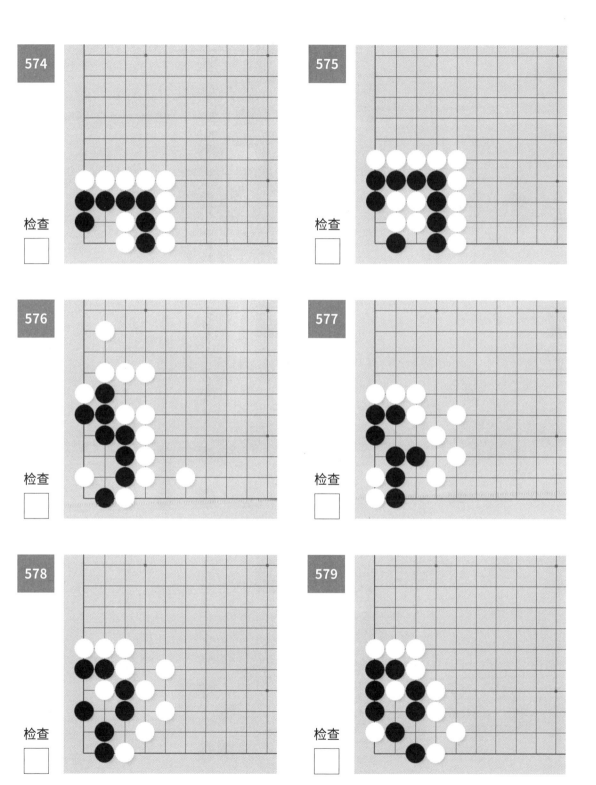

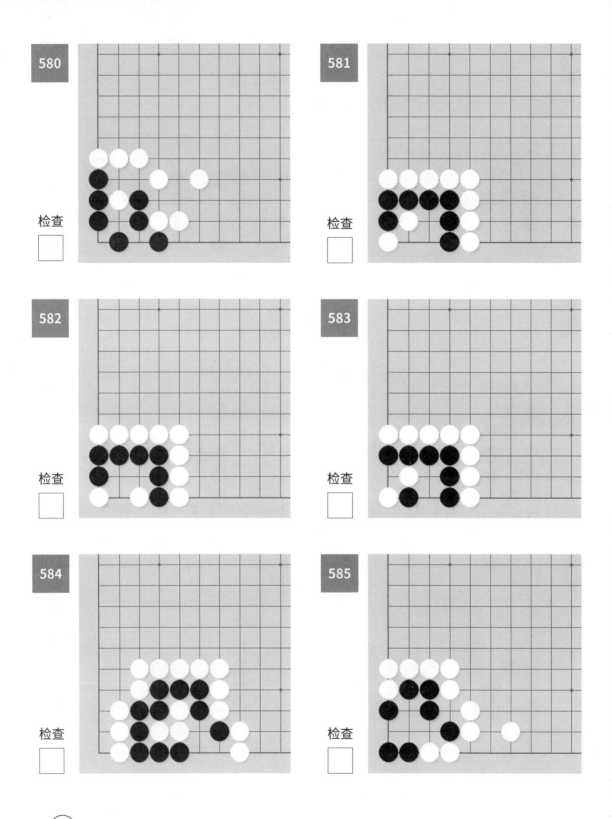

586

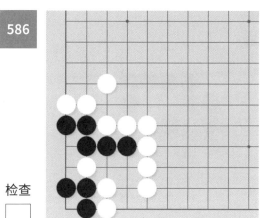

检查 ☐

587

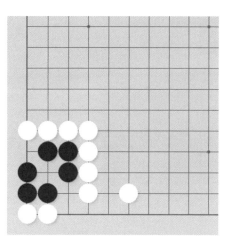

检查 ☐

588

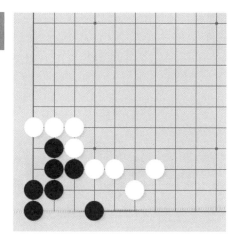

检查 ☐

589

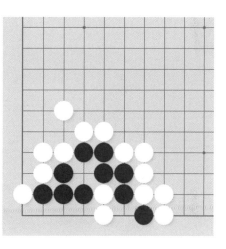

检查 ☐

590

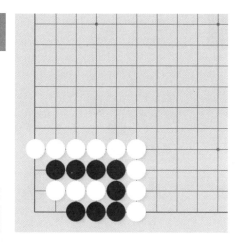

检查 ☐

591

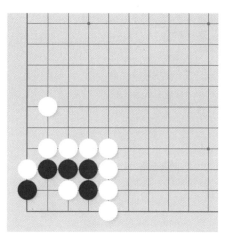

检查 ☐

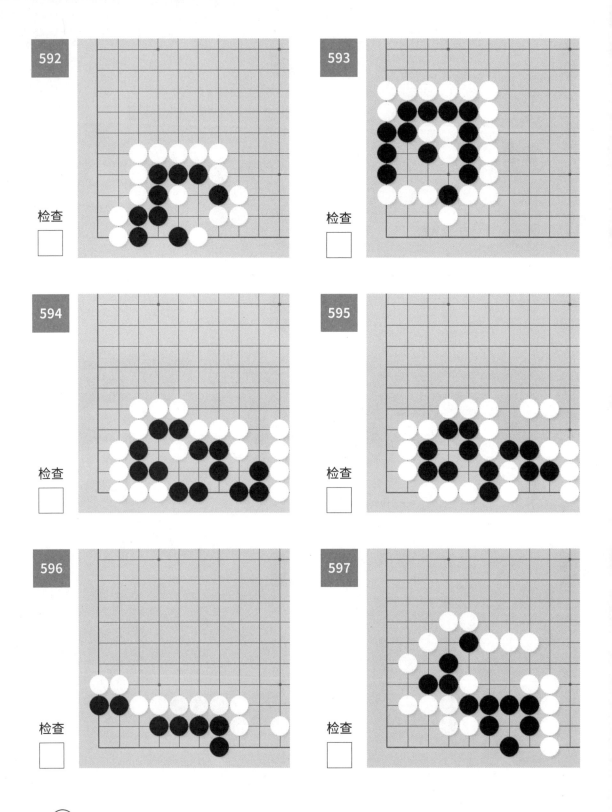

598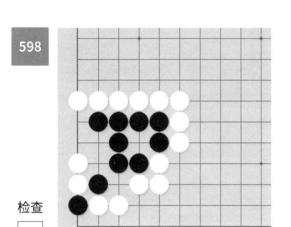

检查

599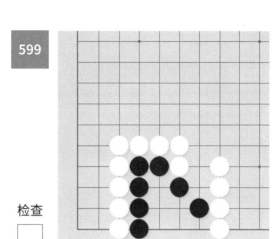

检查

600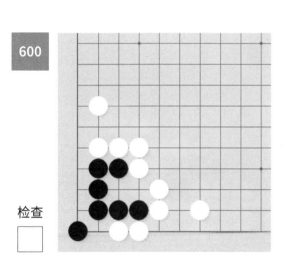

检查

601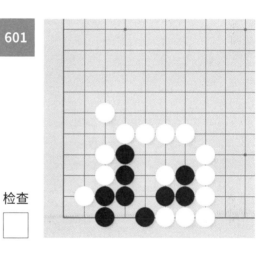

检查

602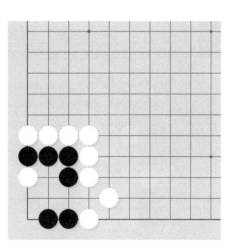

检查

603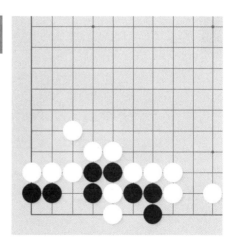

检查

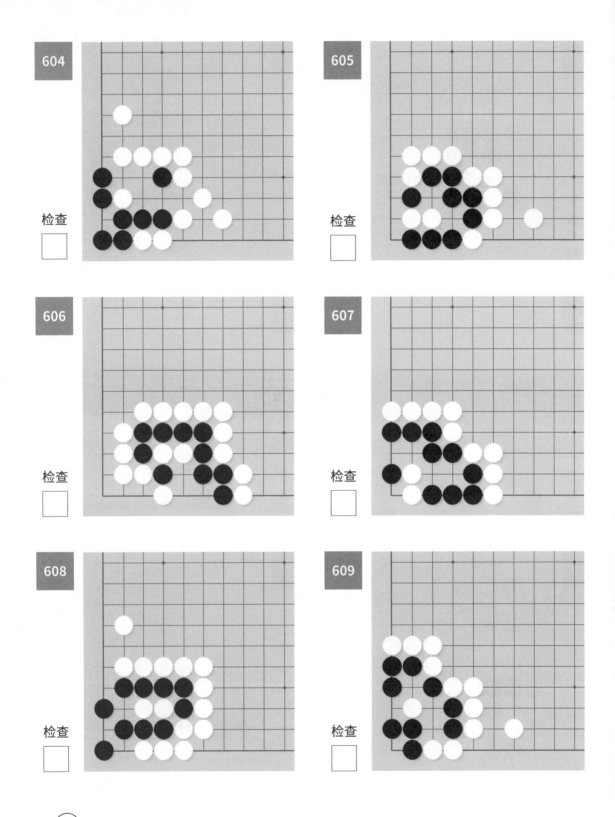

610
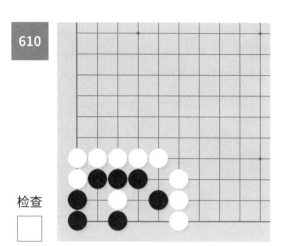

检查 □

611
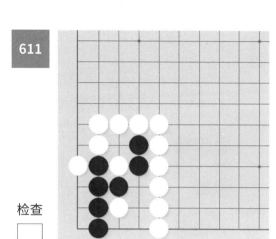

检查 □

612
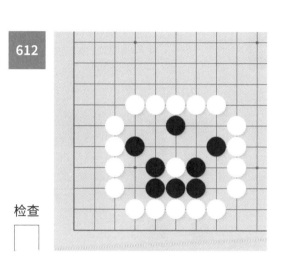

检查 □

613
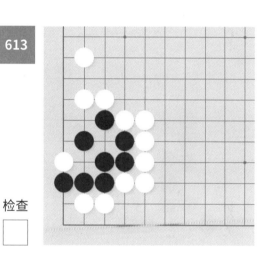

检查 □

614
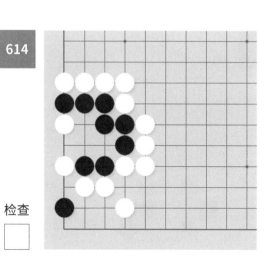

检查 □

615
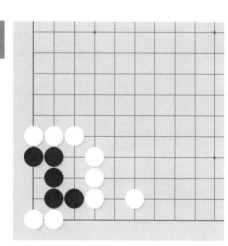

检查 □

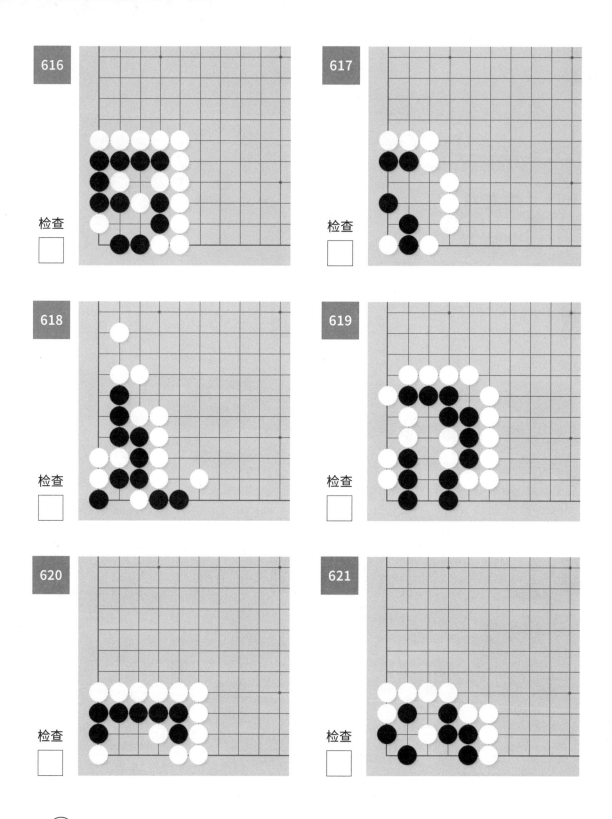

622
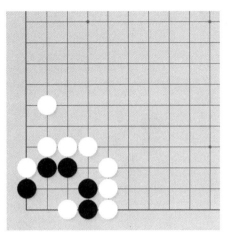

检查

623
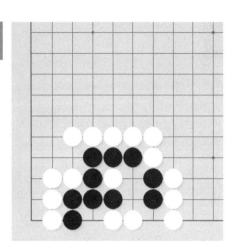

检查

624
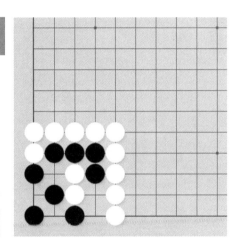

检查

625
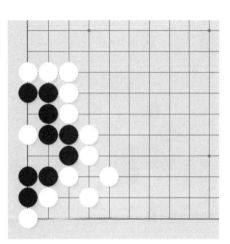

检查

626
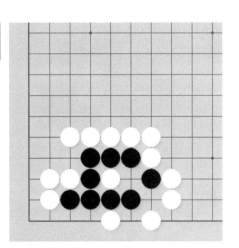

检查

627
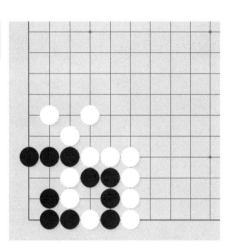

检查

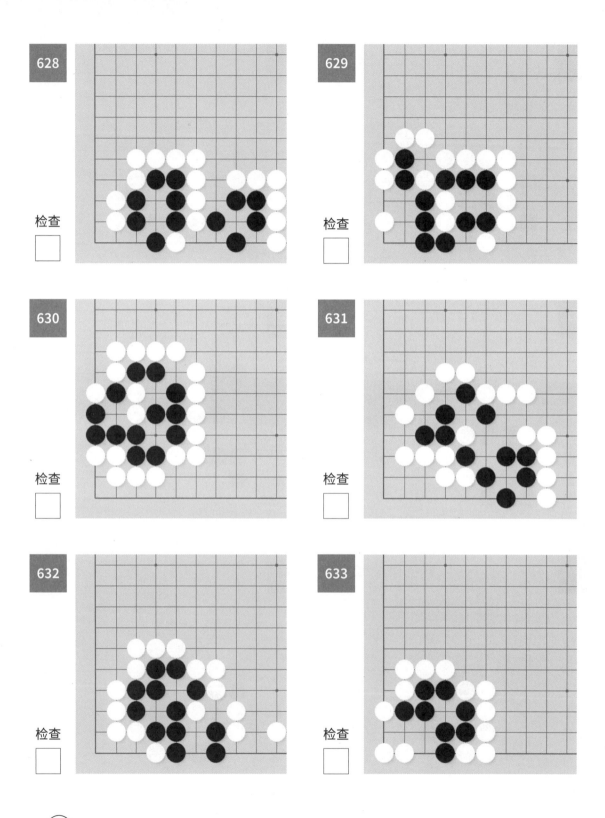

634

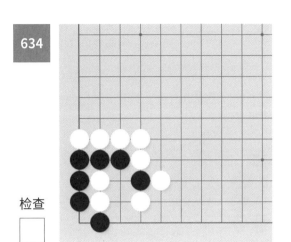

检查

635

636

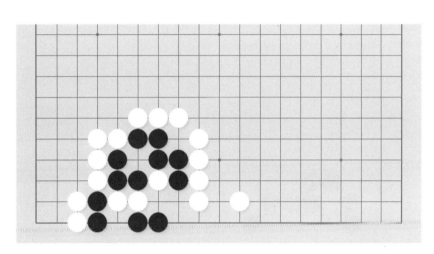

检查

637

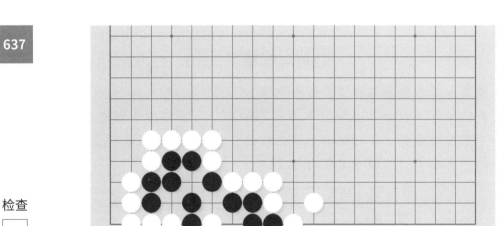

检查

638

检查

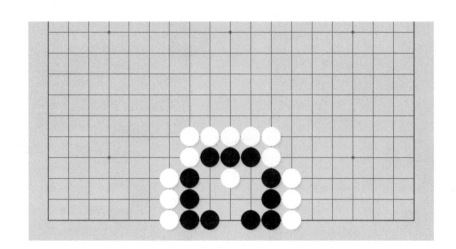

639

检查

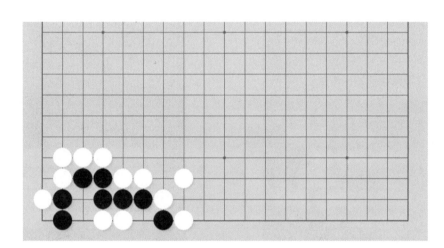

空间影响难度

很多人总在问诘棋难易度该如何区分？

我认为有两种办法都相当不错：一种是让很多棋手去解题，就会获得一个客观的数据；另一种是运用诘棋的空间大小去做区分，空间越大、可能的选点越多，诘棋难度往往越高。

——陈禧

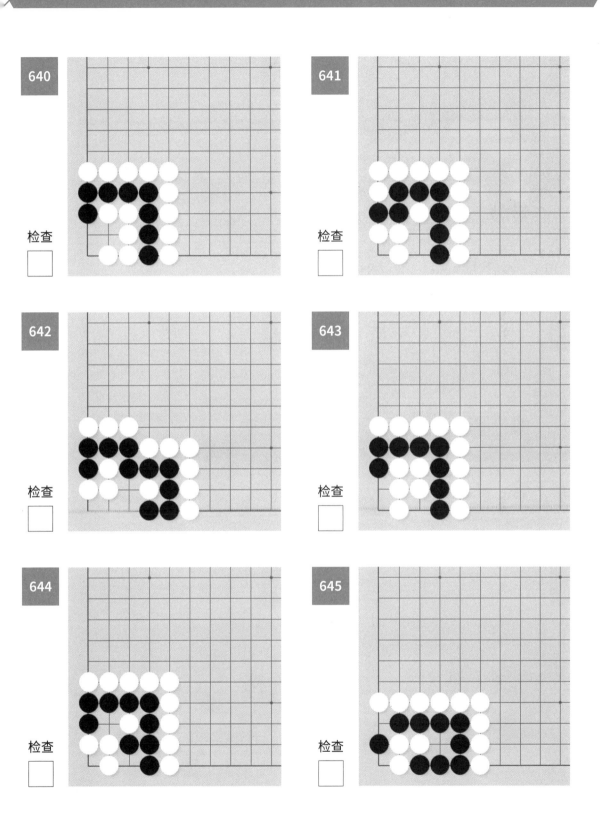

640　检查

641　检查

642　检查

643　检查

644　检查

645　检查

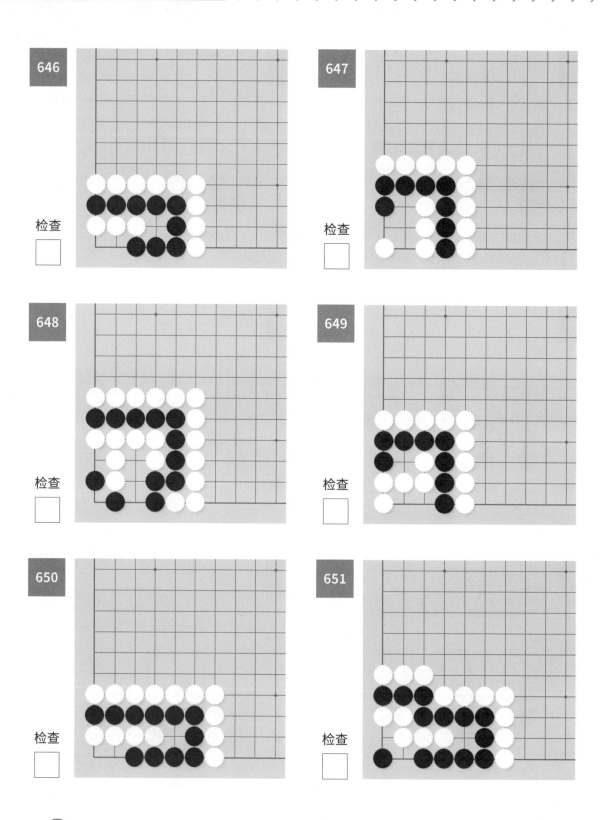

646

检查

647

检查

648

检查

649

检查

650

检查

651

检查

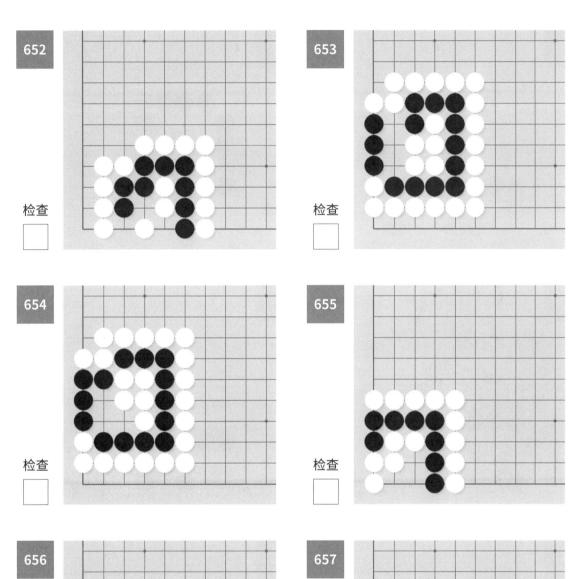

652

检查

653

检查

654

检查

655

检查

656

检查

657

检查

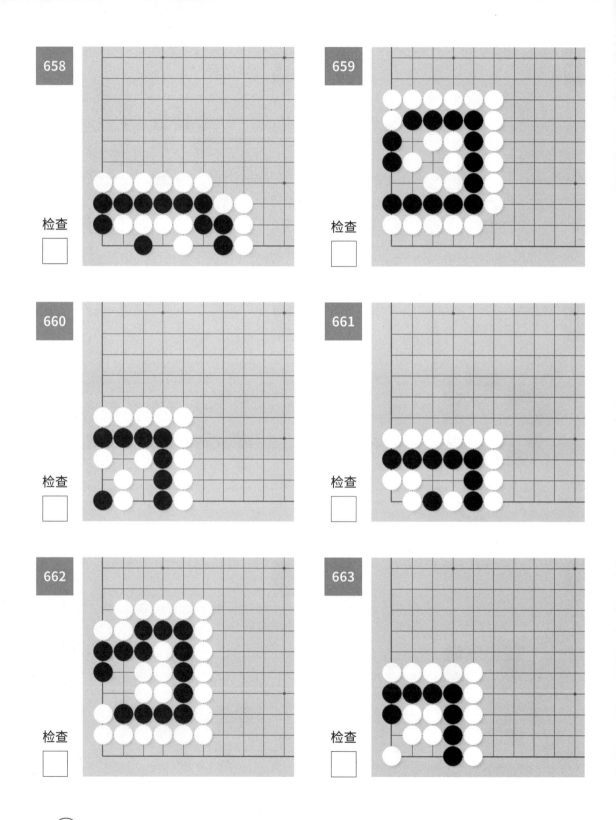

658 检查

659 检查

660 检查

661 检查

662 检查

663 检查

664

检查

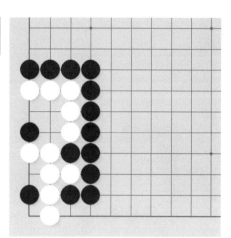

665

检查

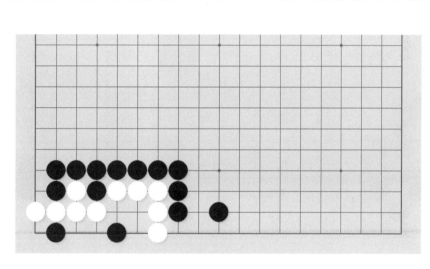

666

检查

双活算活吗？

以诘棋来说，做题者常见的问题之一就是："双活算活吗？"

在这里要认真回答一下："是的，双活即共活，按字面意思剖析，系指黑白两者皆活，因此双活是属于活棋的。"

所以，通过上面的解析，大家以后别再在"黑先白死"的题目上写上"双活"的解答，这样老师会相当头痛的！

——胡啸城

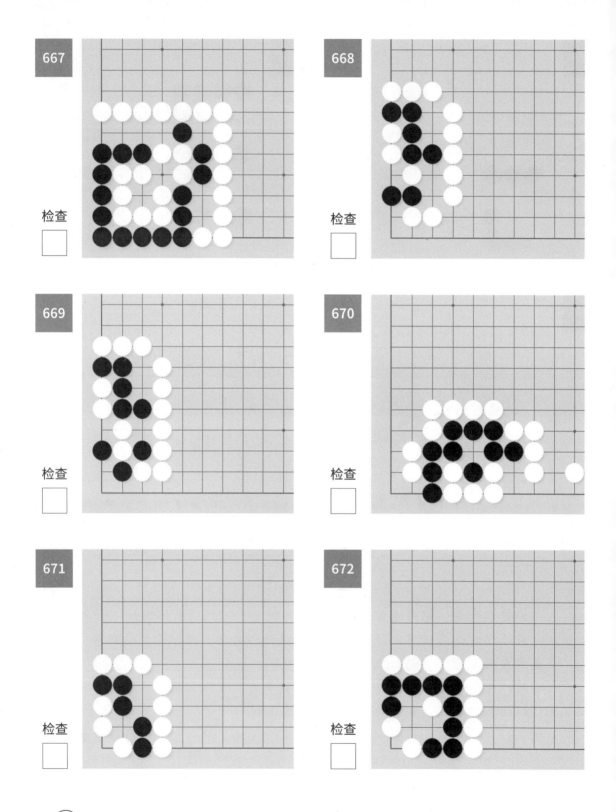

667

检查

668

检查

669

检查

670

检查

671

检查

672

检查

673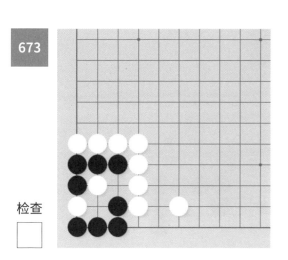

检查 □

674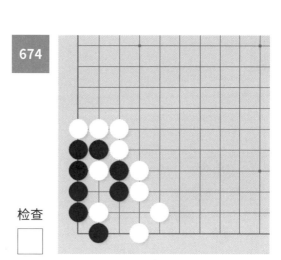

检查 □

675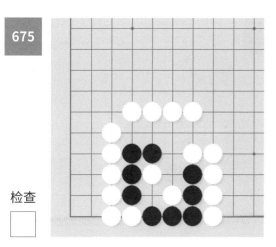

检查 □

676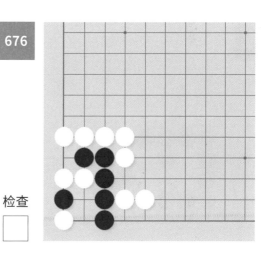

检查 □

677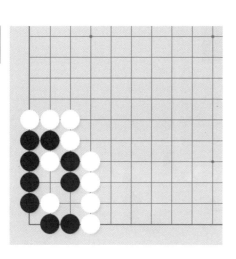

检查 □

678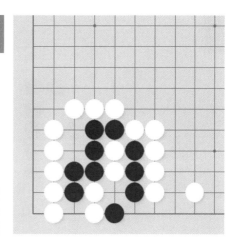

检查 □

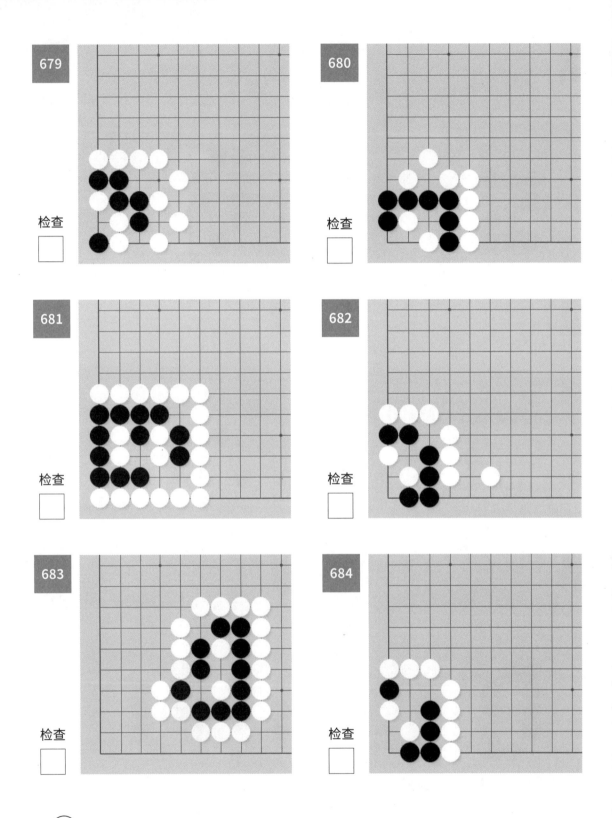

685

检查

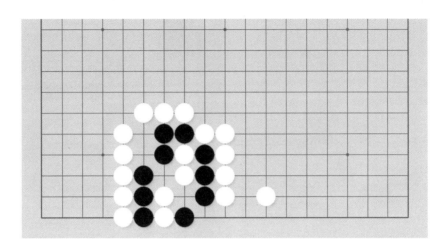

诘棋

　　围棋的训练方法可以大致分成三块：诘棋、打谱、对弈。

　　这三块缺一不可，我们现在就来谈谈诘棋。

　　诘棋就是尝试解开诘棋创作者提供的谜题。而一般现代的诘棋规则是每一道题目只有唯一的解答。因此，我们在解题的过程中，可以反复验算自己答案的可行性，从而使自己拥有缜密的思考能力。

——陈禧

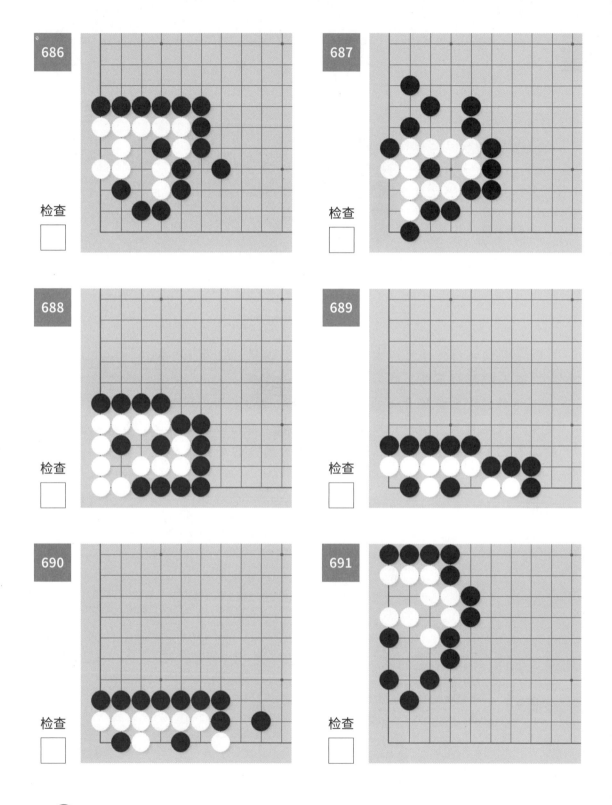

686

检查

687

检查

688

检查

689

检查

690

检查

691

检查

692

检查

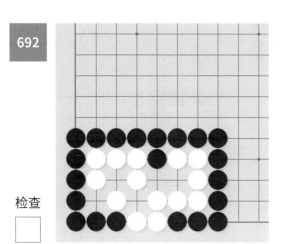

693

检查

694

检查

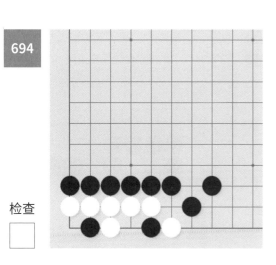

695

检查

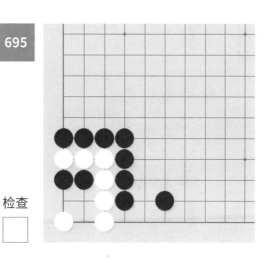

696

检查

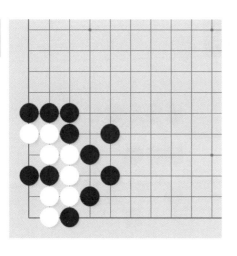

697

检查

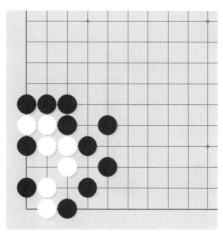

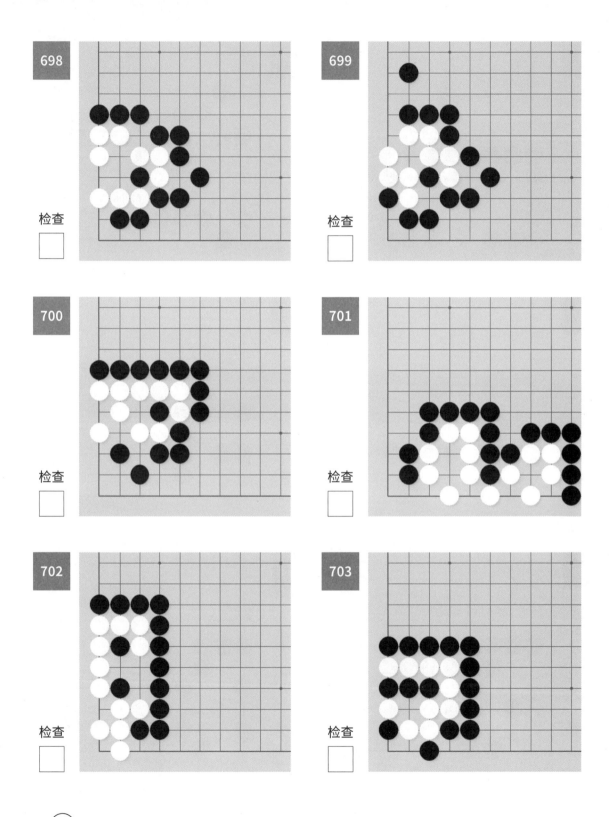

704
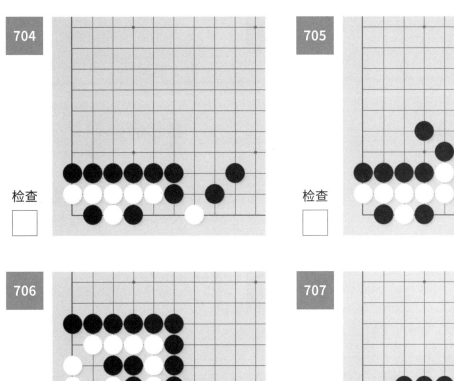

检查 ☐

705

检查 ☐

706
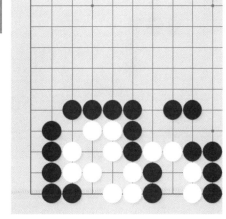

检查 ☐

707

检查 ☐

708
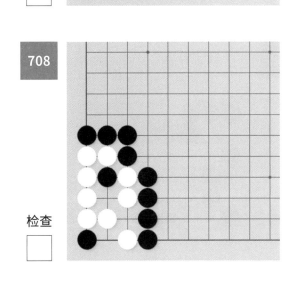

检查 ☐

709
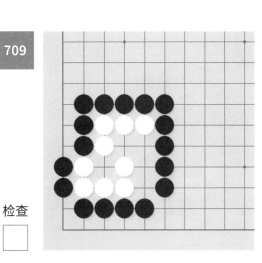

检查 ☐

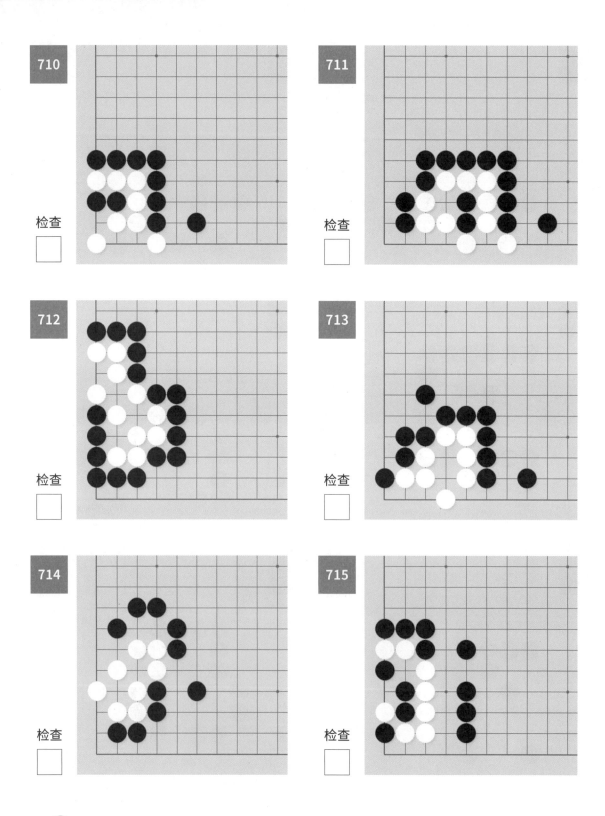

710

检查 □

711

检查 □

712

检查 □

713

检查 □

714

检查 □

715

检查 □

716

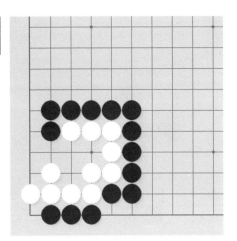

检查

717

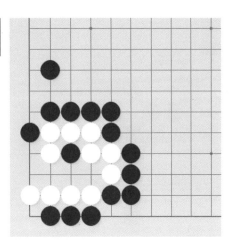

检查

718

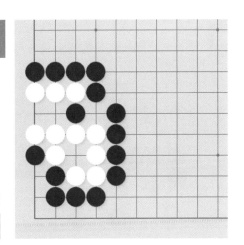

检查

719

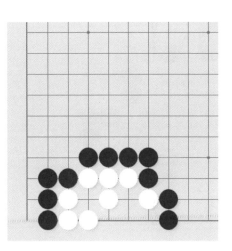

检查

720

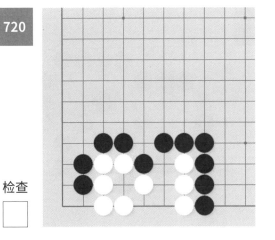

检查

721

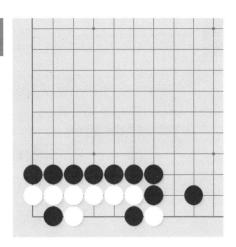

检查

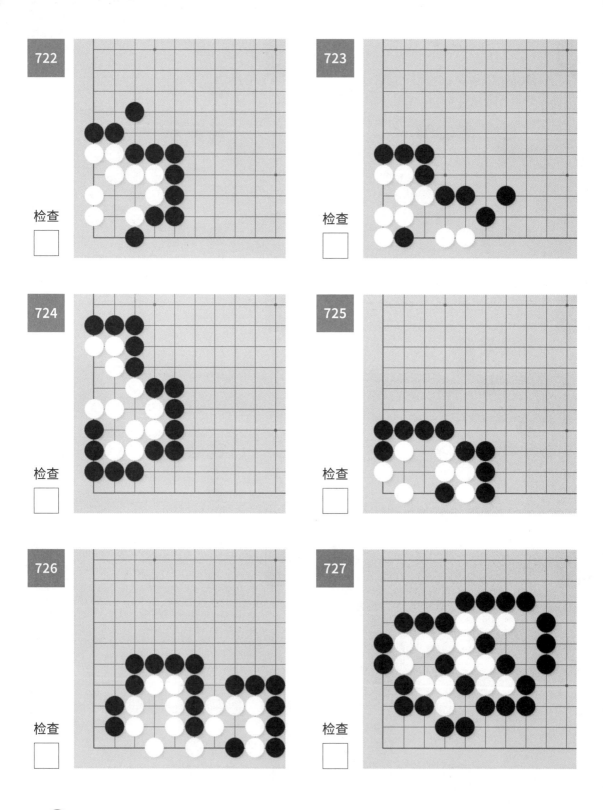

728
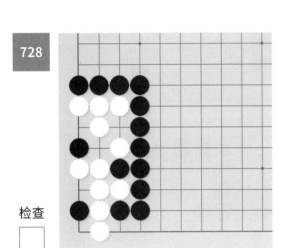

检查

729
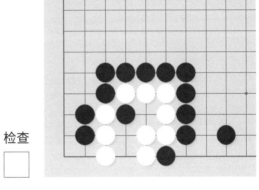

检查

730
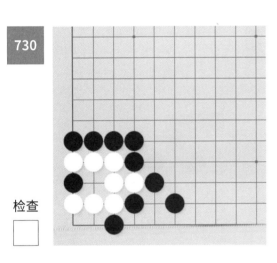

检查

731
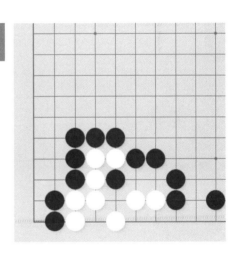

检查

732
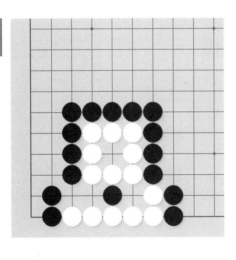

检查

733
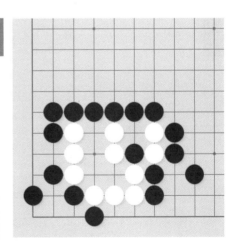

检查

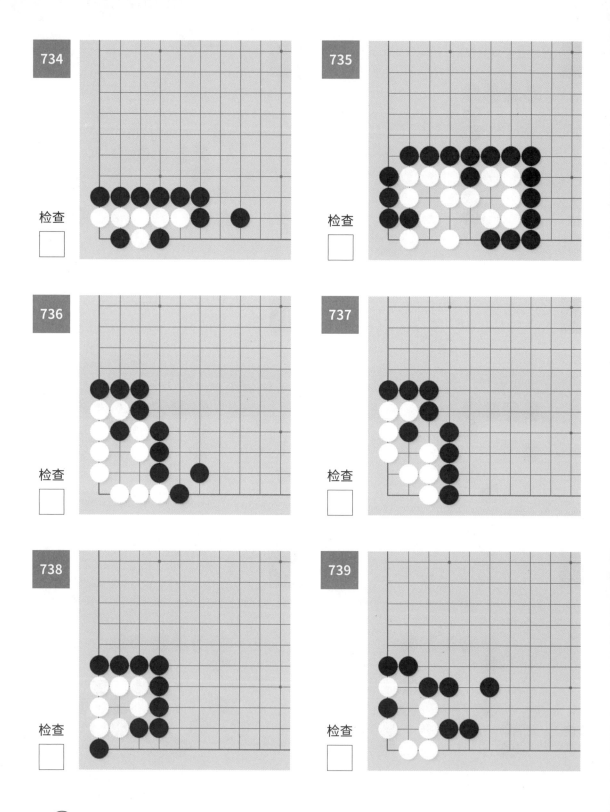

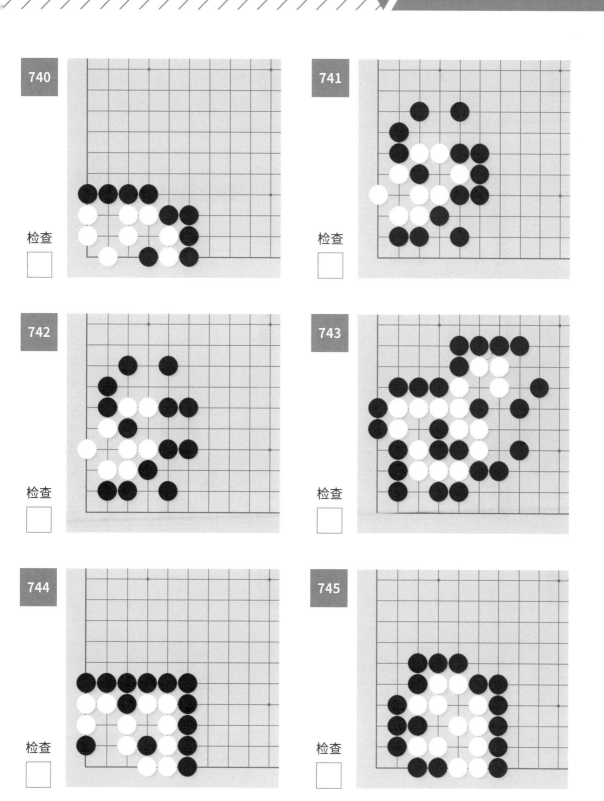

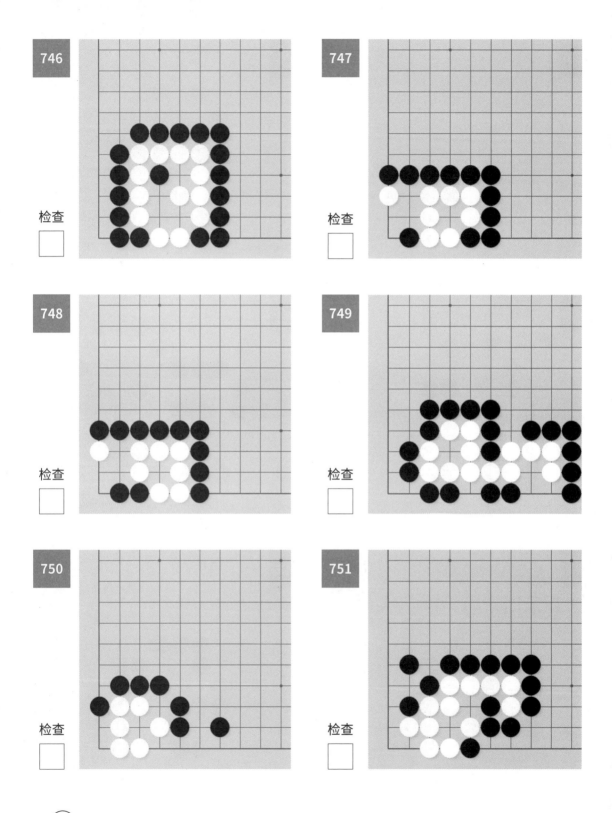

746 检查 □

747 检查 □

748 检查 □

749 检查 □

750 检查 □

751 检查 □

752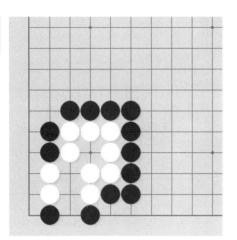

检查

753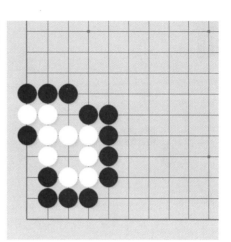

检查

754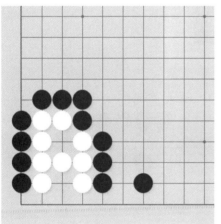

检查

755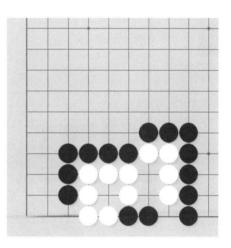

检查

756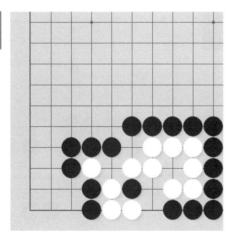

检查

757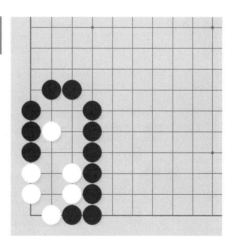

检查

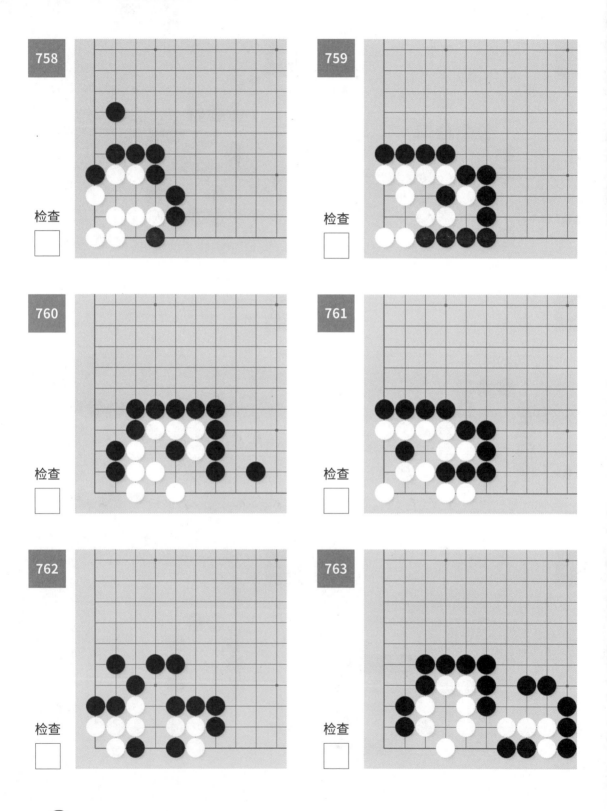

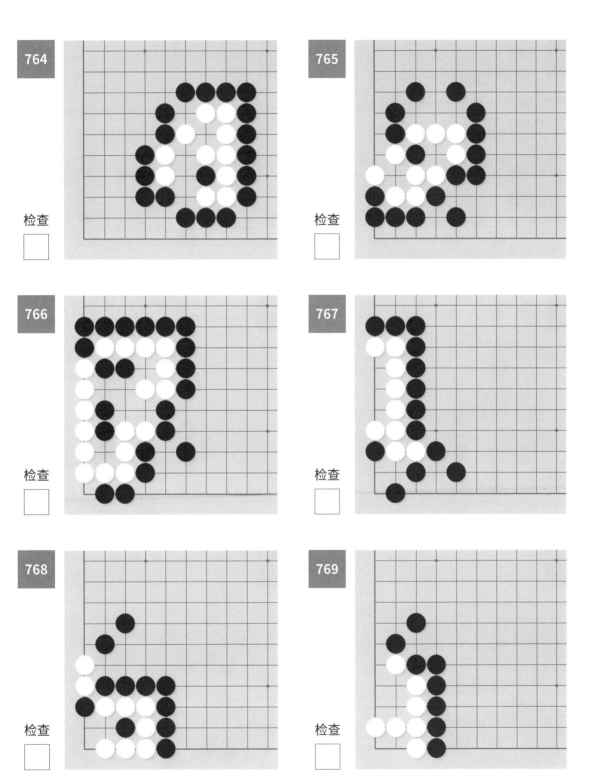

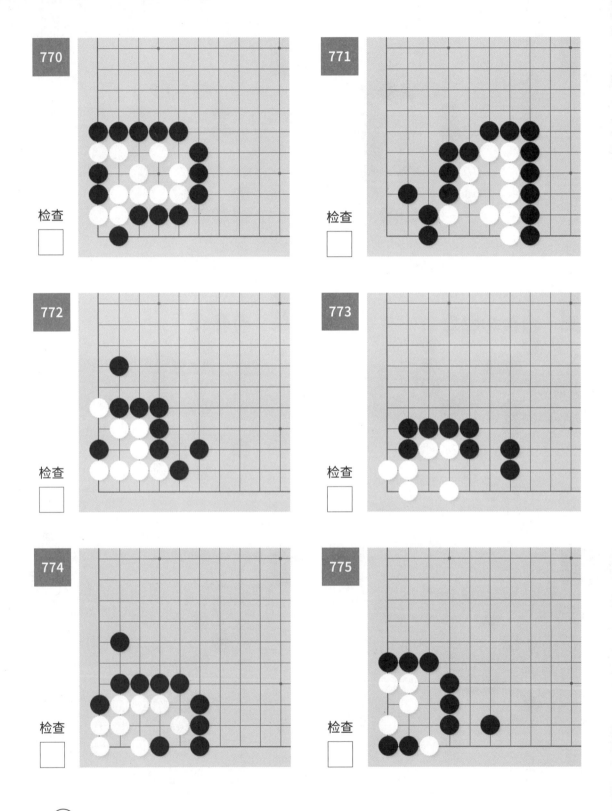

770

检查

771

检查

772

检查

773

检查

774

检查

775

检查

776

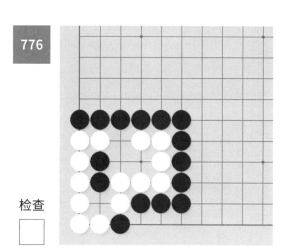

检查

777

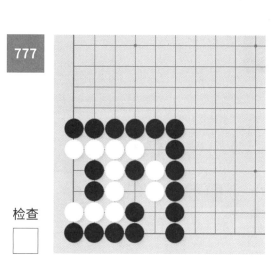

检查

778

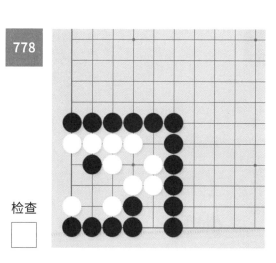

检查

779

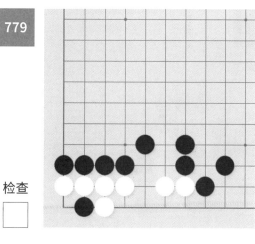

检查

780

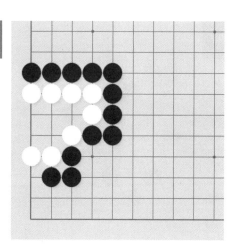

检查

781

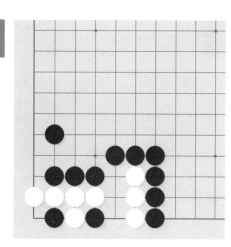

检查

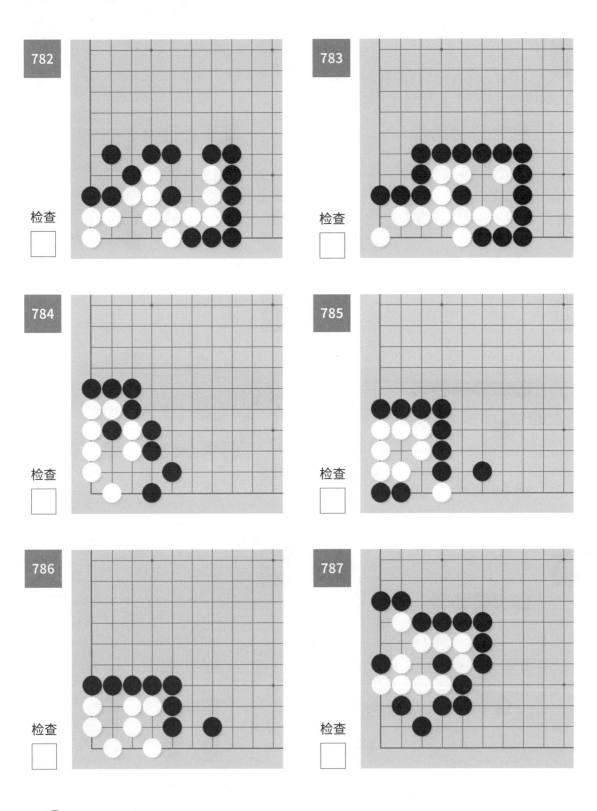

788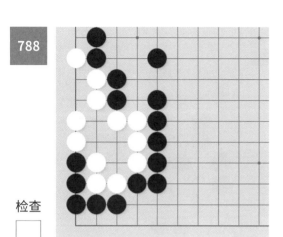

检查

789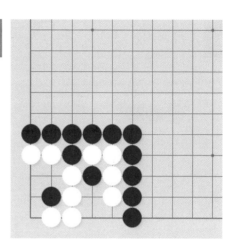

检查

790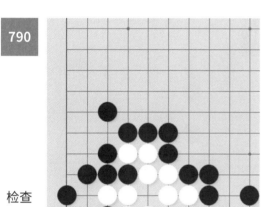

检查

791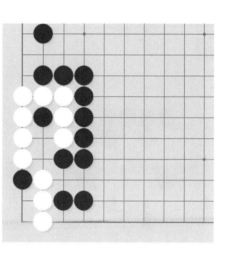

检查

792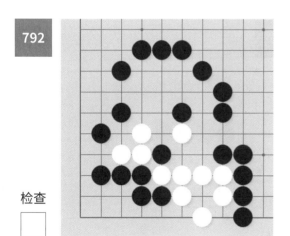

检查

793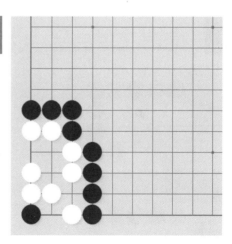

检查

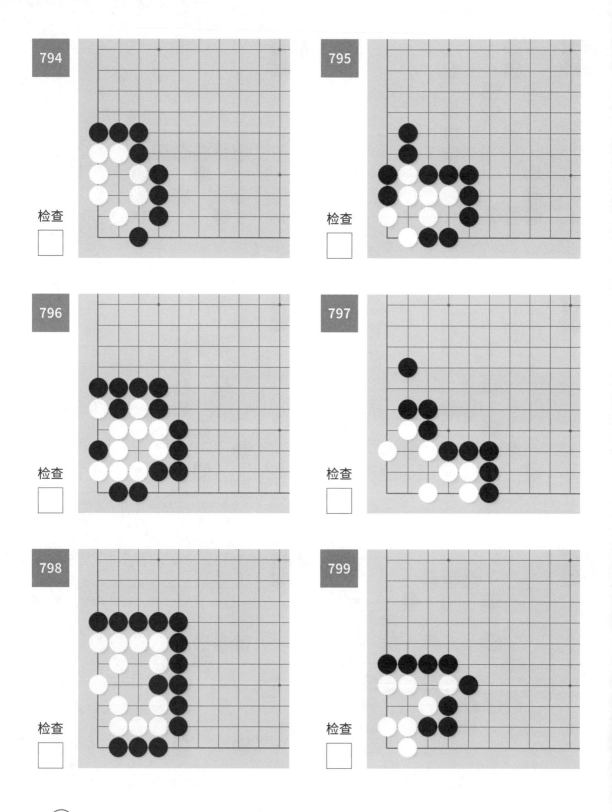

794

检查 ☐

795

检查 ☐

796

检查 ☐

797

检查 ☐

798

检查 ☐

799

检查 ☐

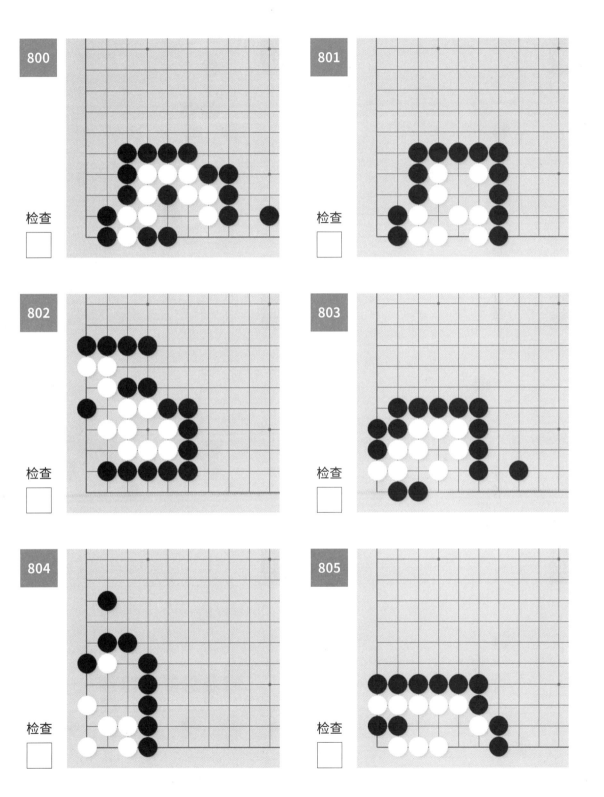

800

801

检查

802

803

检查

804

805

检查

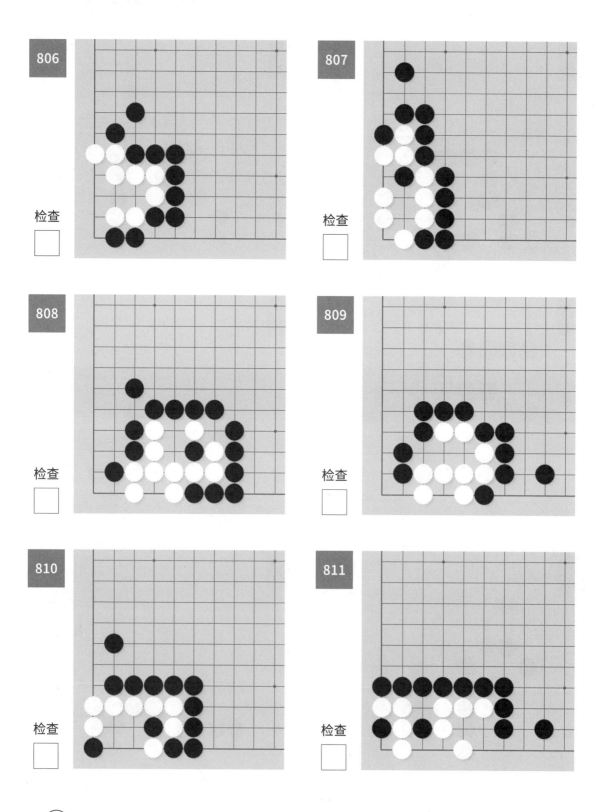

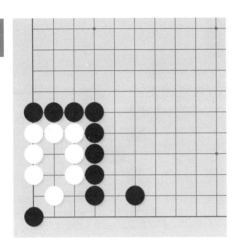

812 检查

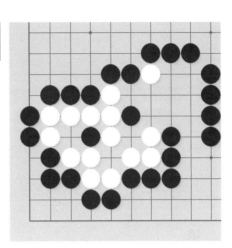

813 检查

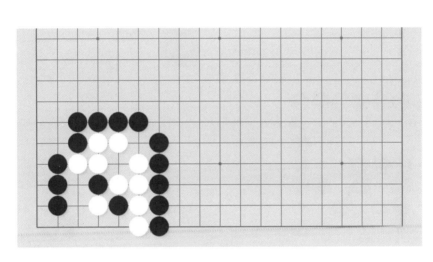

814 检查

急所

在围棋术语中，"急所"指棋形上最紧要的所在。

急所体现在很多层面，例如被围住的三目棋中间的那个点，或点方都是常见的急所，这些选点往往能使对手的棋形几乎崩溃，达到意想不到的效果，进而使棋局向对自己有利的一面发展。

——卫泓泰

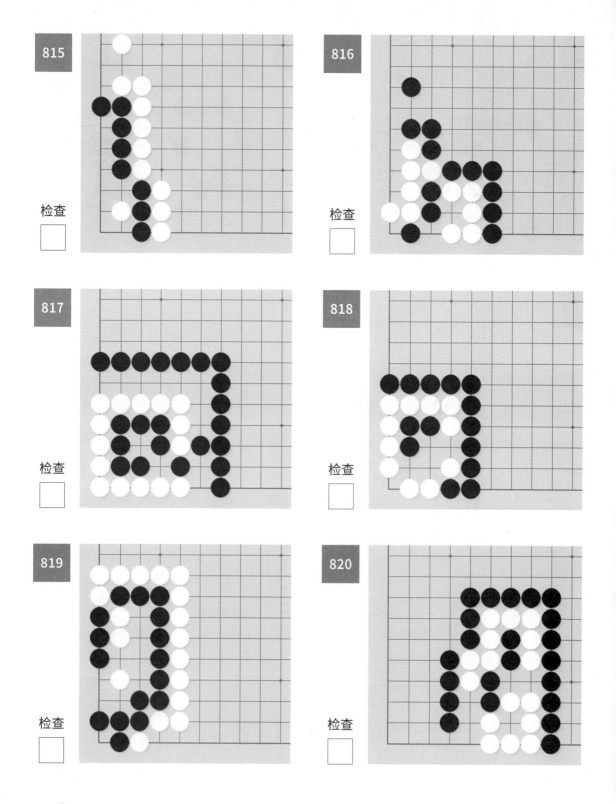

815　检查

816　检查

817　检查

818　检查

819　检查

820　检查

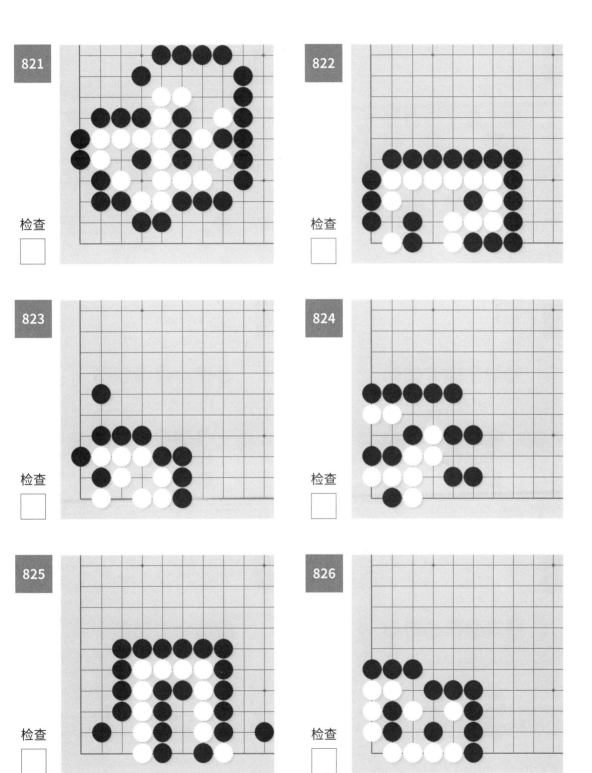

827

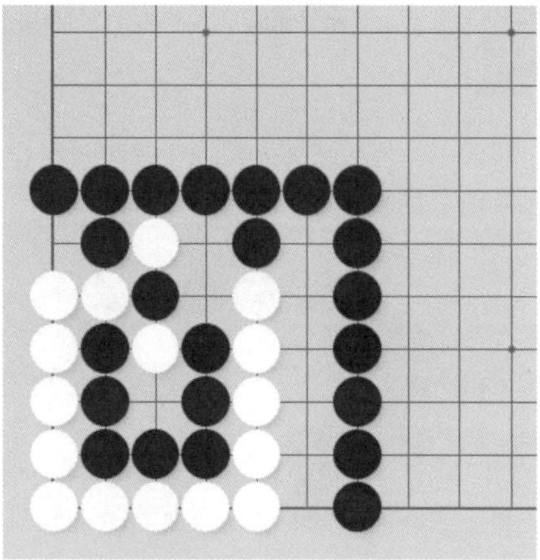

检查

828

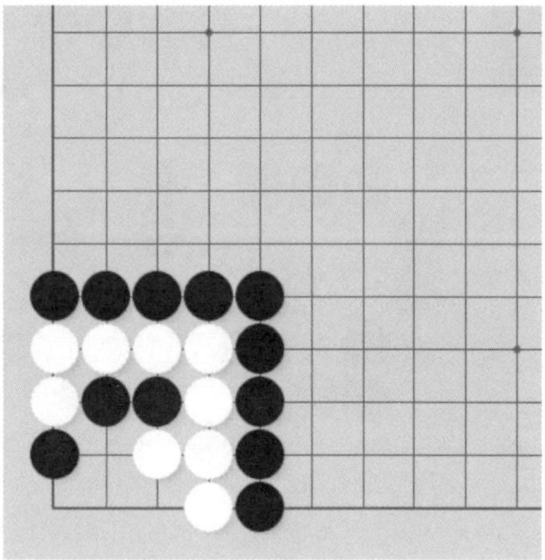

检查

829

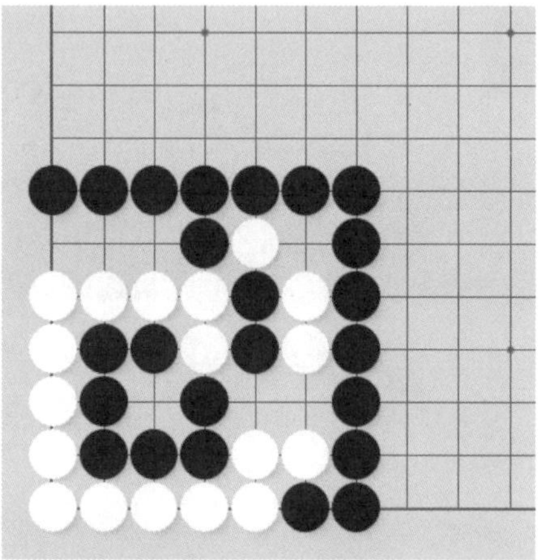

检查

830

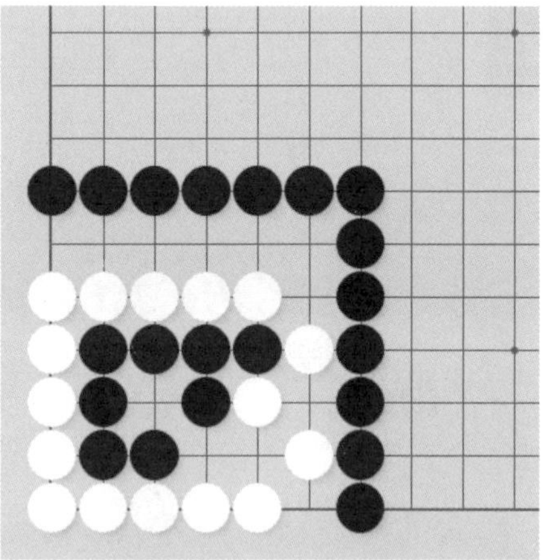

检查

831

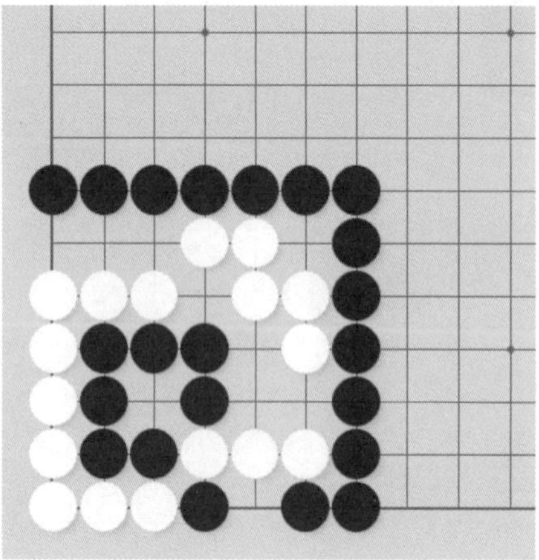

检查

832

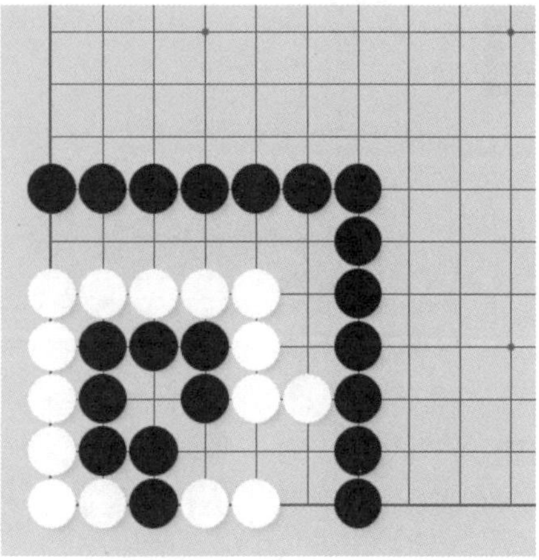

检查

833

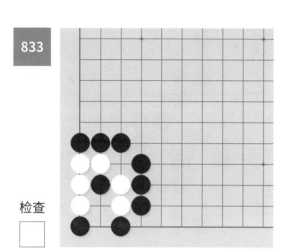

检查

834

检查

835

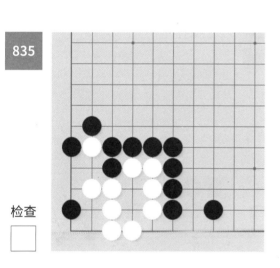

检查

836

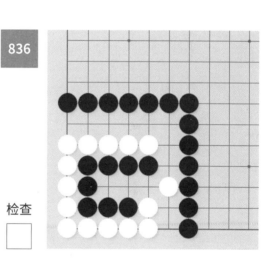

检查

837

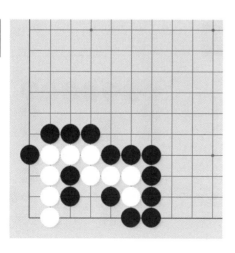

检查

838

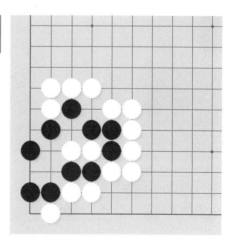

检查

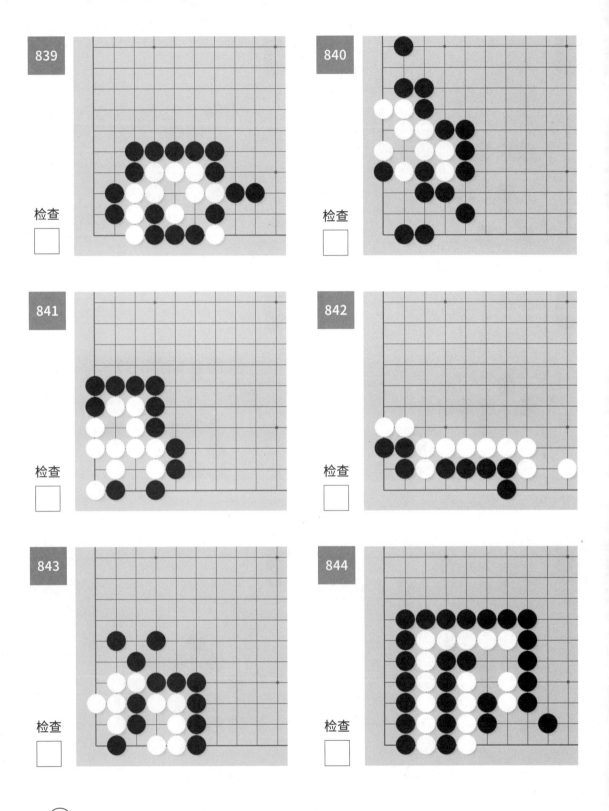

839 检查 □

840 检查 □

841 检查 □

842 检查 □

843 检查 □

844 检查 □

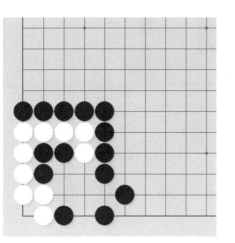

845

检查 □

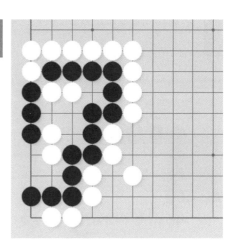

846

检查 □

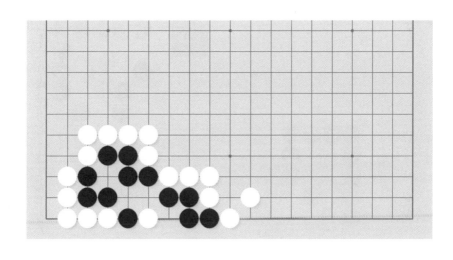

847

检查 □

"连接没学好"的代号

小时候在棋院学棋，学会了连接的形状，伙伴们都相当开心。

然而，这却慢慢演变出一种好笑的现象：只要有人因为没有连接好而被吃掉，这个人就成为连接没学好的一个代号。

举例而言，小明上一盘棋因为没连好被吃掉，当大文下一盘棋也犯了相同的错误，大家就会说："大文小明了。"

——陈禧

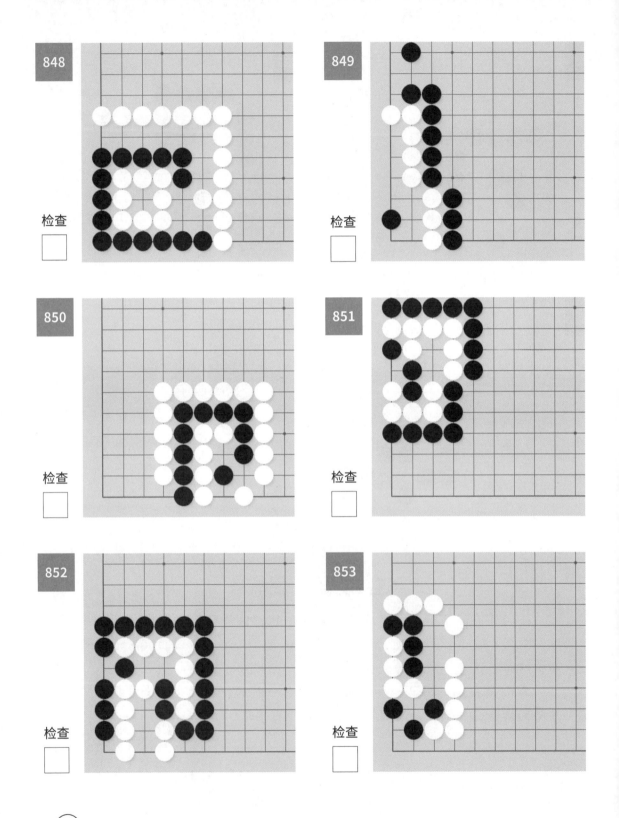

848　检查

849　检查

850　检查

851　检查

852　检查

853　检查

854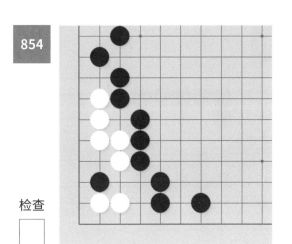

检查 □

855

检查 □

856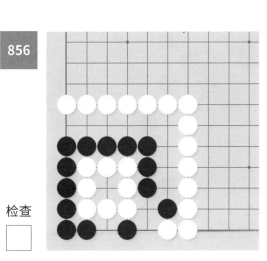

检查 □

857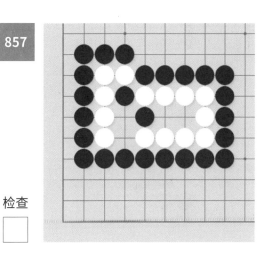

检查 □

858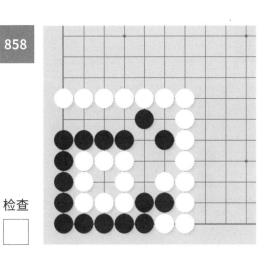

检查 □

859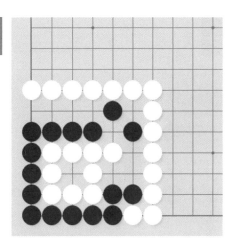

检查 □

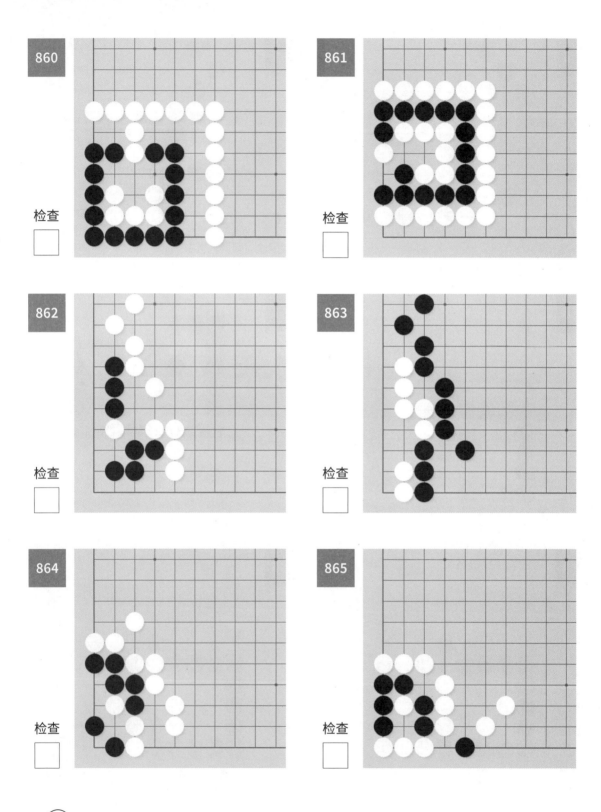

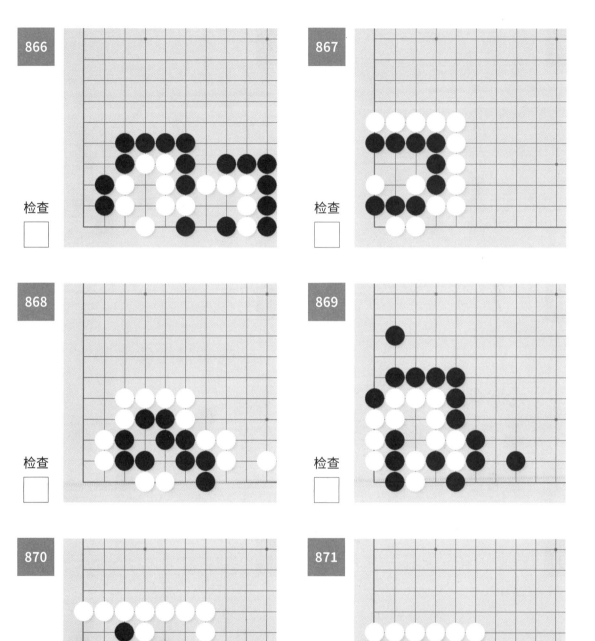

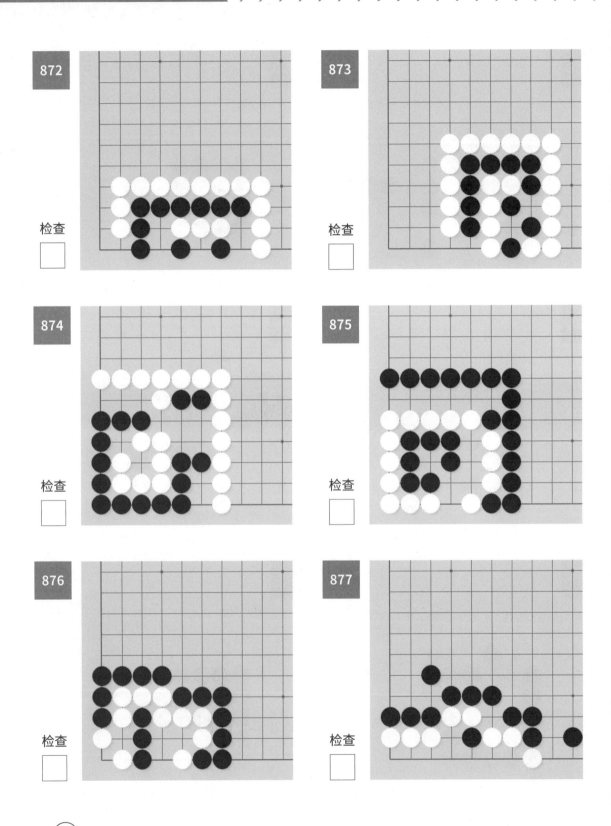

872　检查

873　检查

874　检查

875　检查

876　检查

877　检查

878

检查

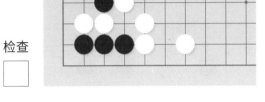

879

检查

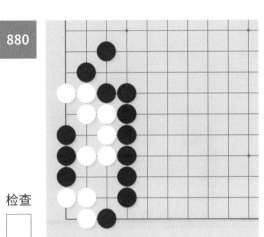

880

检查

881

检查

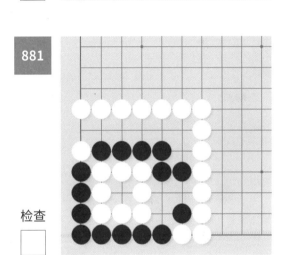

882

检查

883

检查

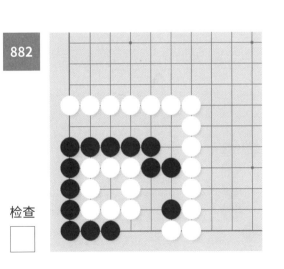

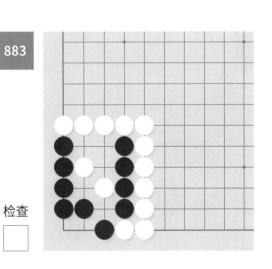

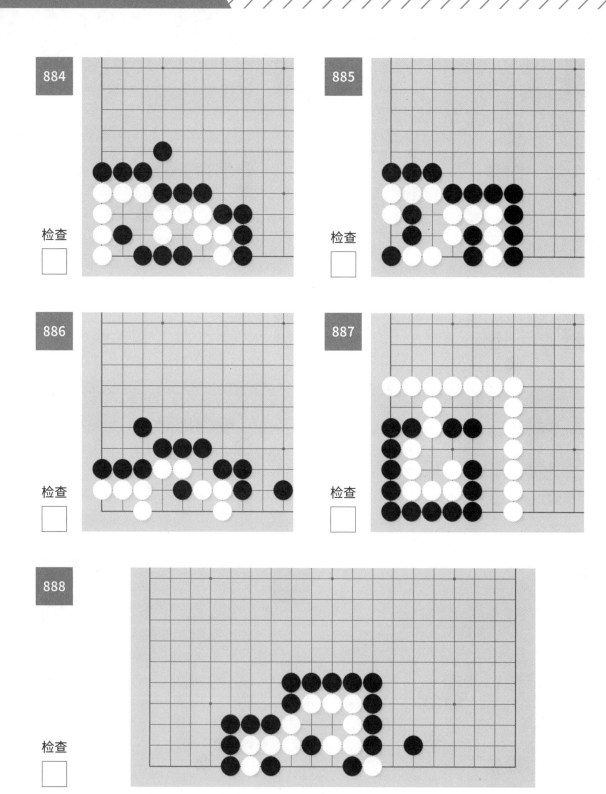

884 检查 □

885 检查 □

886 检查 □

887 检查 □

888 检查 □

889

检查

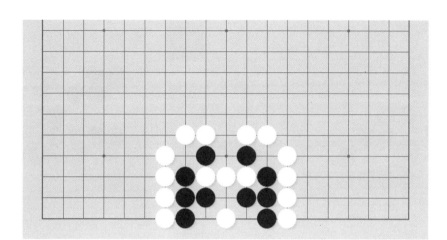

对杀小故事

曾有一次，我看两位初懂规则的棋友下棋，他们走出了黑快一气吃白的棋形。两个人你一手我一手的，完美地完成了紧气的任务，就在黑放下最后一手，欲将白子尽数提取之时，白方抗议了。

白方说："气尽提取，黑子也气尽了，黑子也必须提取。"

他们简单地讨论了一下，最后的结局是两人将气尽的黑子与白子皆移出了棋盘外。

——陈禧

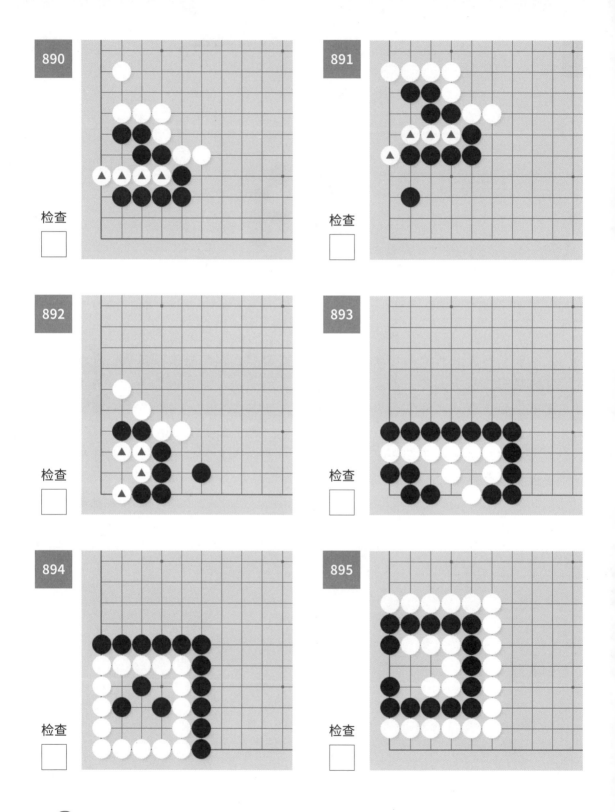

896

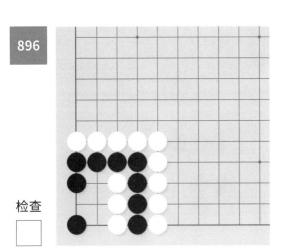

检查 □

897

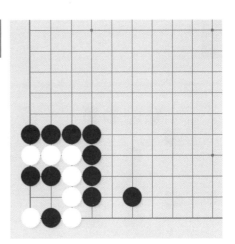

检查 □

898

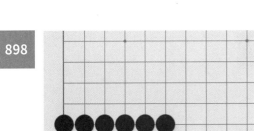

检查 □

899

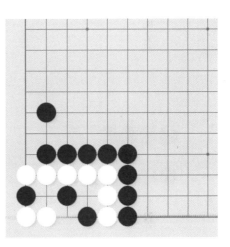

检查 □

900

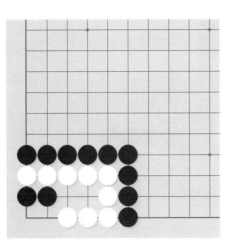

检查 □

901

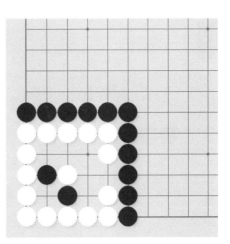

检查 □

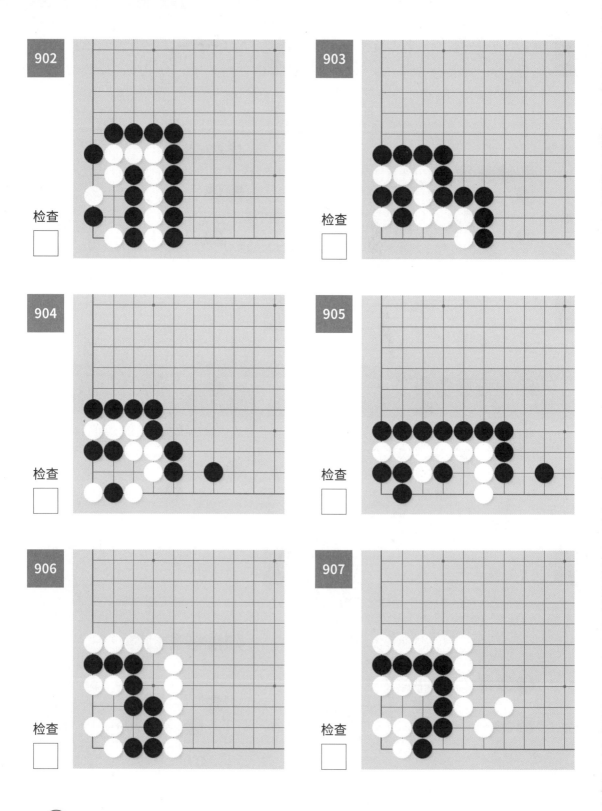

902

检查

903

检查

904

检查

905

检查

906

检查

907

检查

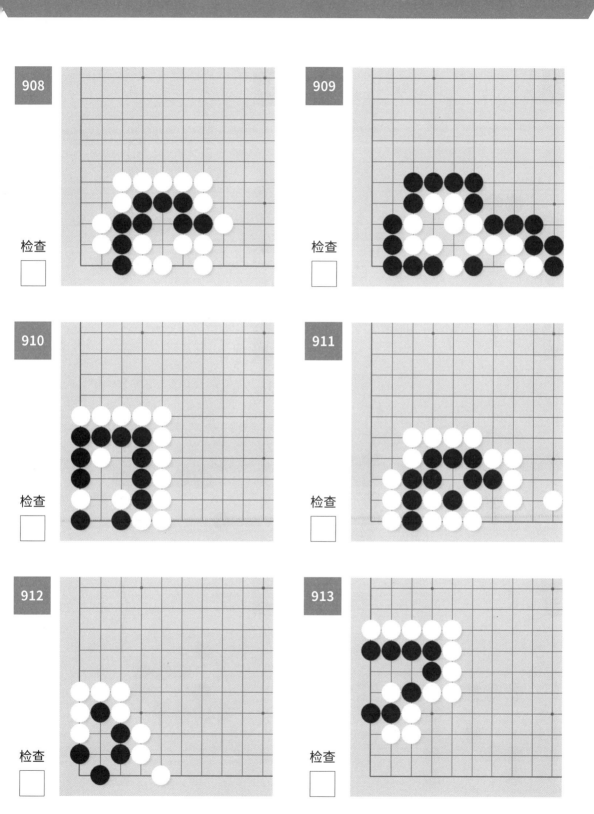

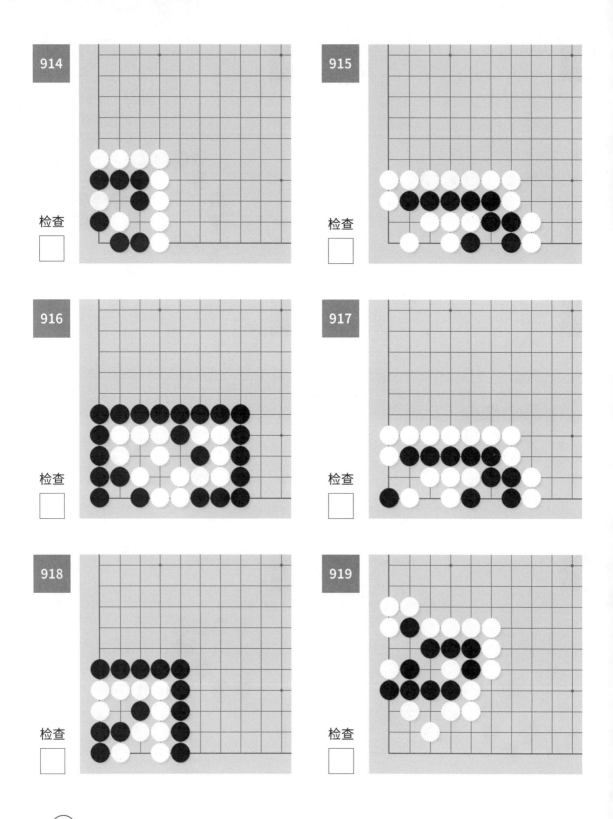

920

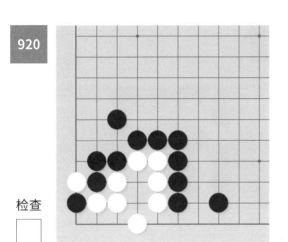

检查

921

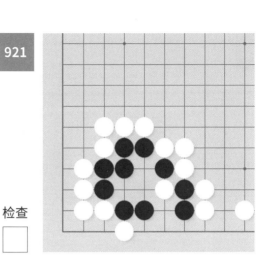

检查

922

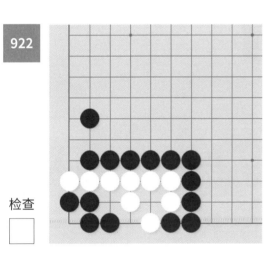

检查

923

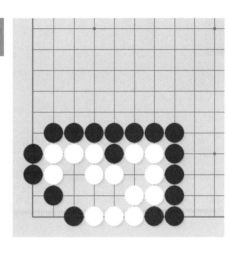

检查

924

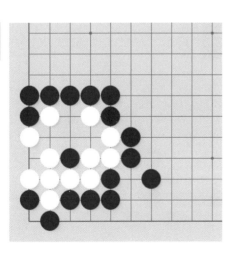

检查

925

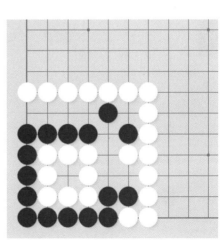

检查

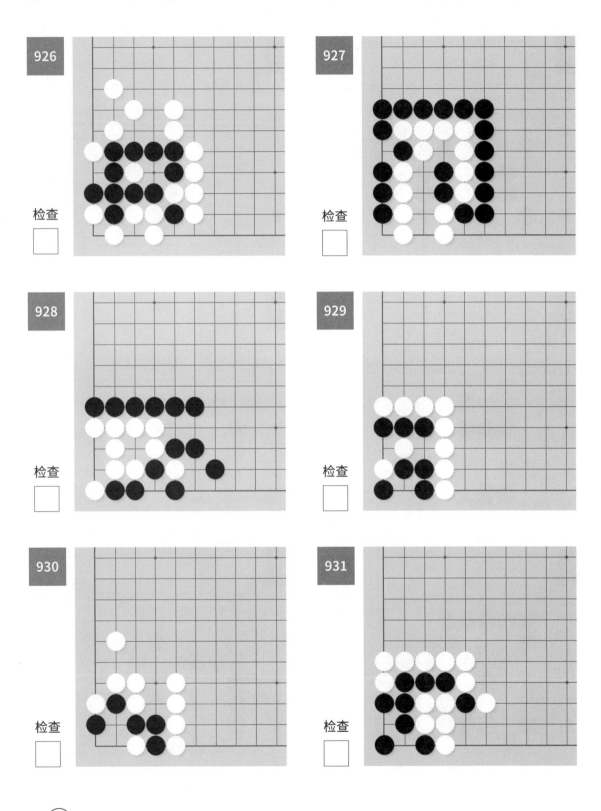

926

检查

927

检查

928

检查

929

检查

930

检查

931

检查

932

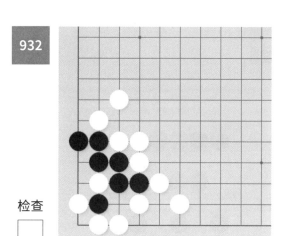

检查 ☐

933

检查 ☐

934

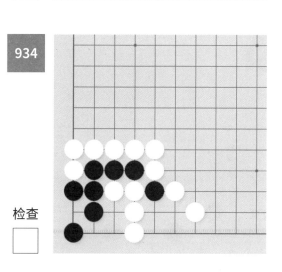

检查 ☐

935

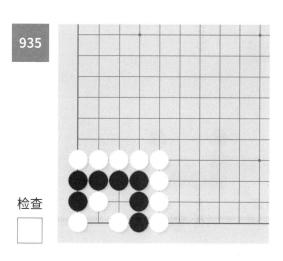

检查 ☐

936

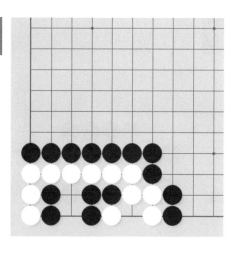

检查 ☐

937

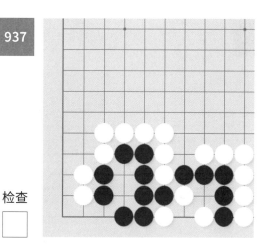

检查 ☐

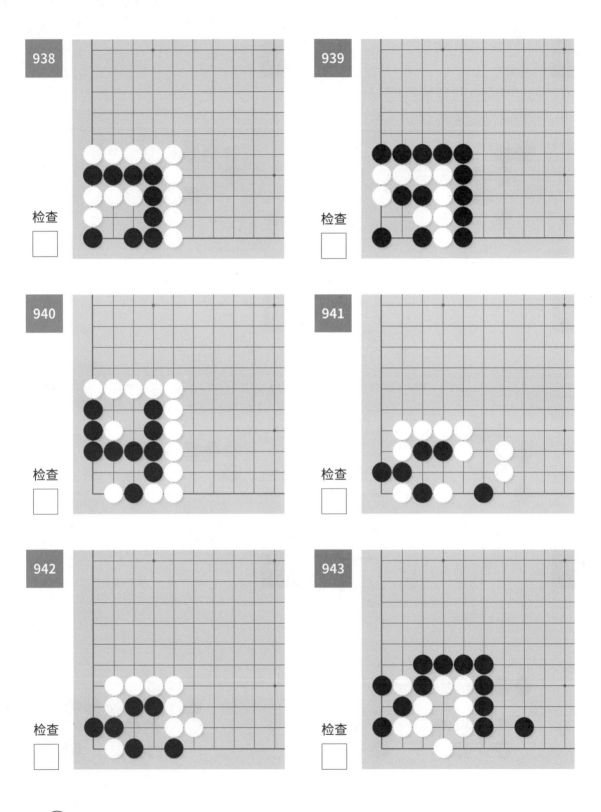

938　检查 ☐

939　检查 ☐

940　检查 ☐

941　检查 ☐

942　检查 ☐

943　检查 ☐

944
检查

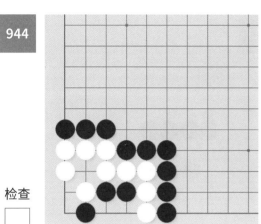

945
检查

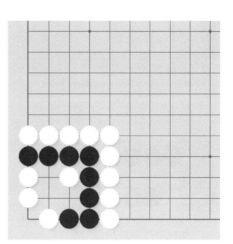

946
检查

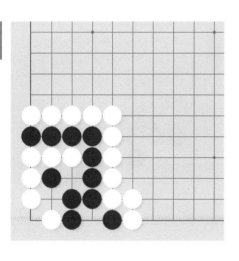

947
检查

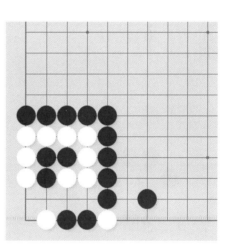

948
检查

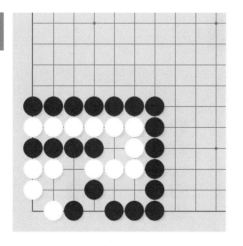

949
检查

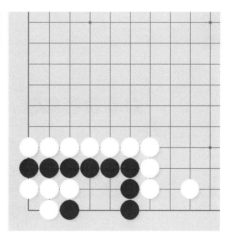

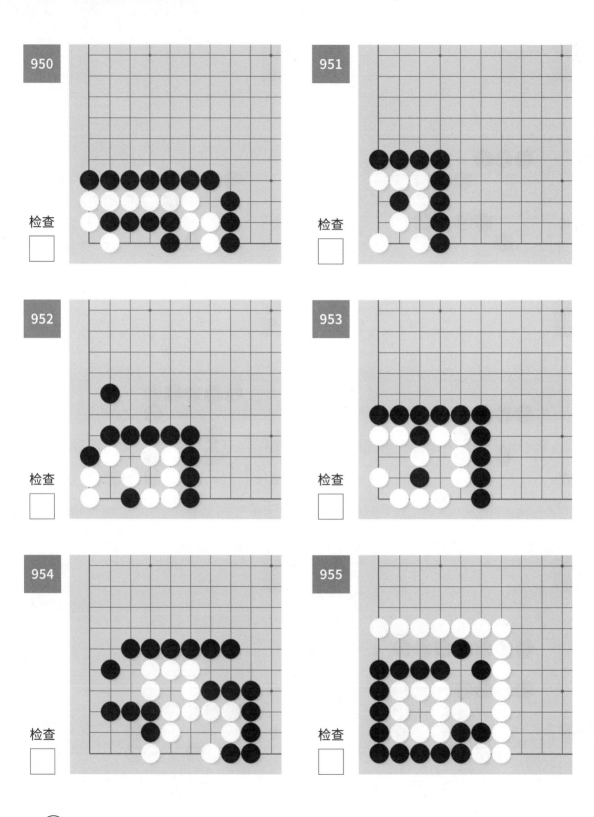

956

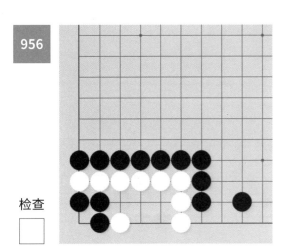

检查

957

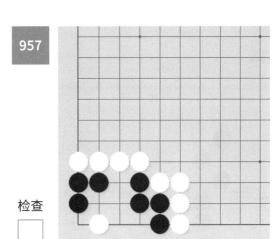

检查

958

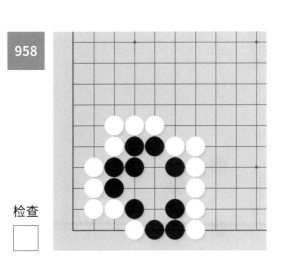

检查

959

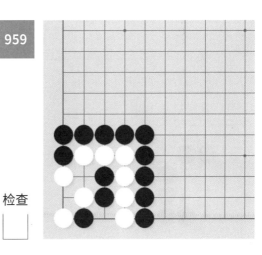

检查

960

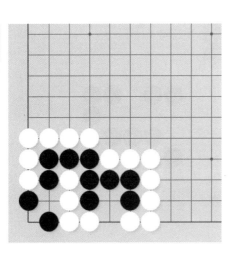

检查

961

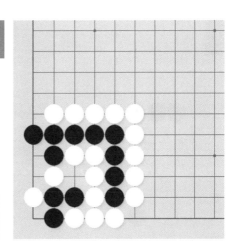

检查

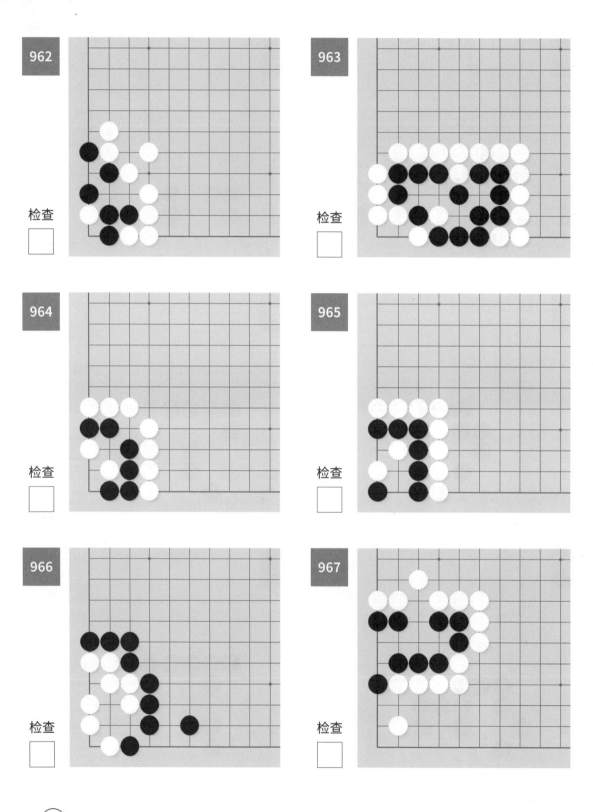

962 检查 □

963 检查 □

964 检查 □

965 检查 □

966 检查 □

967 检查 □

968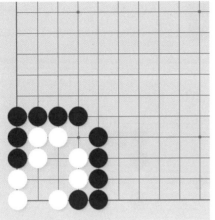

检查 □

969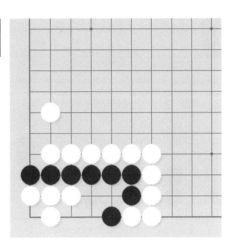

检查 □

970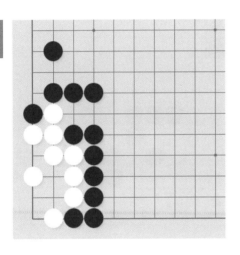

检查 □

971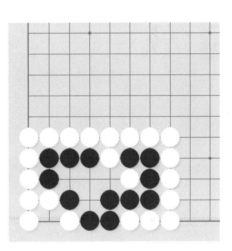

检查 □

972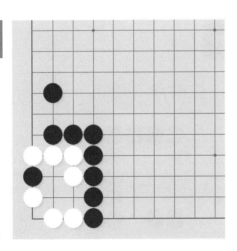

检查 □

973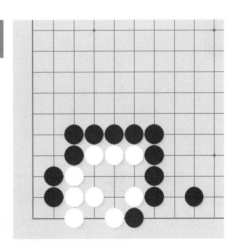

检查 □

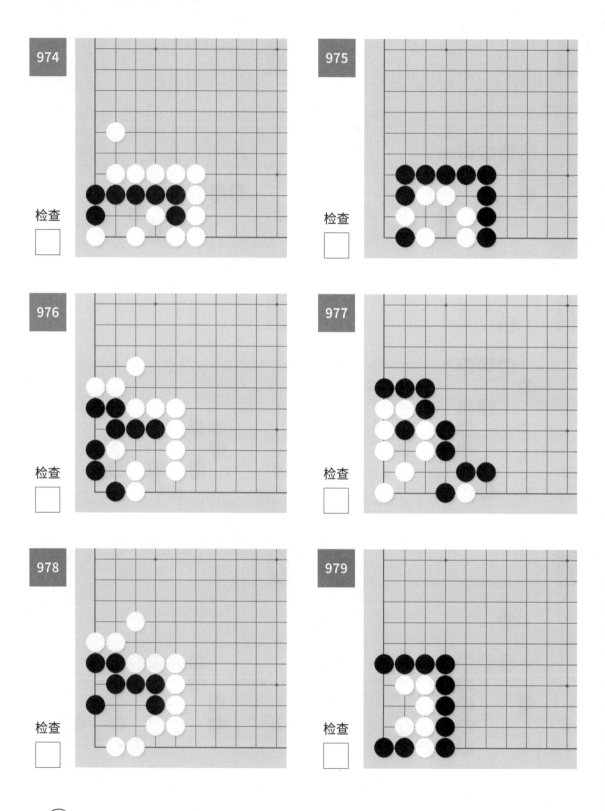

980

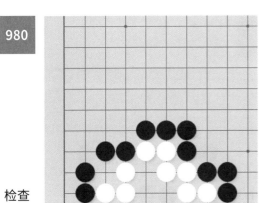

检查

981

982

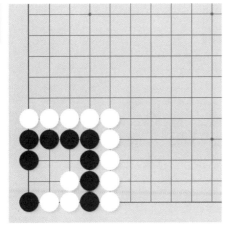

检查

983

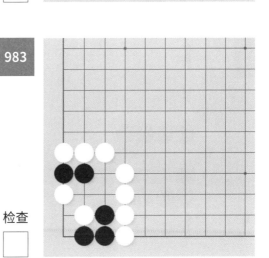

检查

984

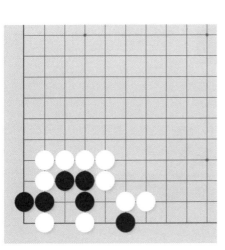

检查

985

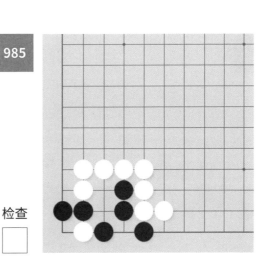

检查

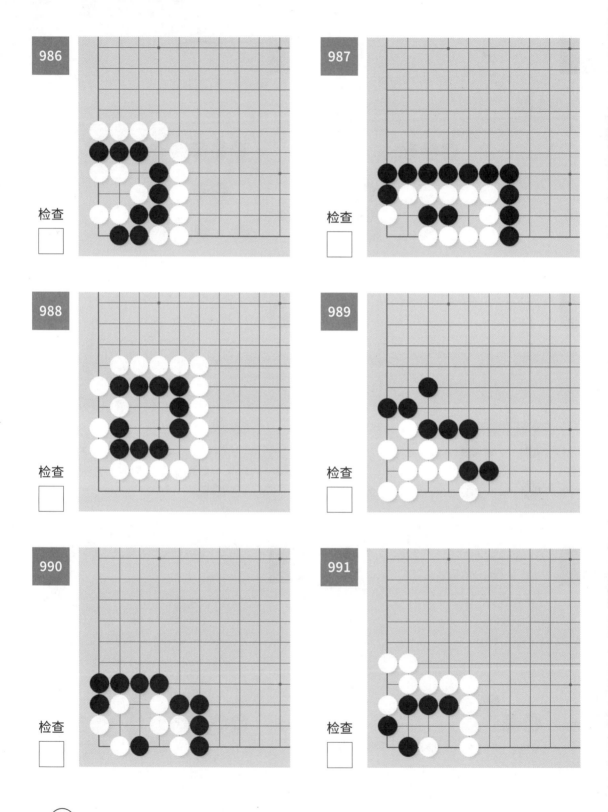

986 检查

987 检查

988 检查

989 检查

990 检查

991 检查

992

检查 □

993

检查 □

994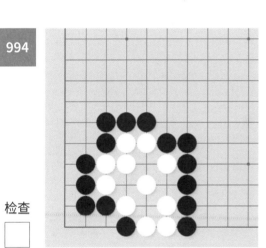

检查 □

995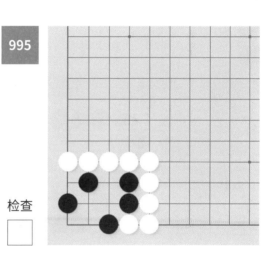

检查 □

996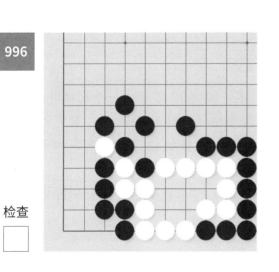

检查 □

997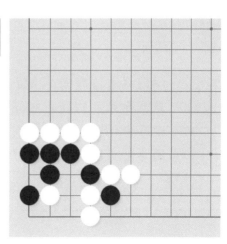

检查 □

193

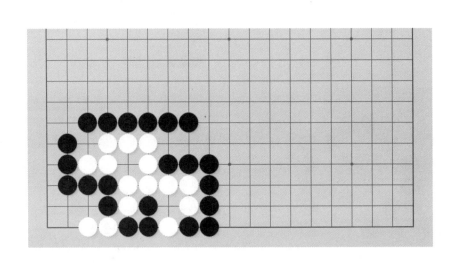

998

检查

999

检查

1000

检查

打劫是什么

　　以围棋术语而言，"打劫"是指双方在一处可以交互吃一子的战斗。

　　在我看来，打劫是双方你争我夺、互不相让的体现。其中，最有趣的莫过于做活的一方刻意制造出打劫的棋形，顽强抵抗，致使原本枯萎的局面再度出现了生机。打劫是一种非常灵活的战术。

——陈禧